Ma FAMILLE
MON PLUS BEAU challenge

Retrouvez Alexia Mori sur :
Instagram : @alexia_mori_
www.alexiaschallenge.com

Suivez-nous sur Instagram :
@albinmichel_et_moi
Santé, bien-être, vie quotidienne, cuisine, parentalité, psycho, développement personnel, nature, loisirs et plus encore...

ALEXIA MORI

Ma FAMILLE
MON PLUS BEAU challenge

Albin Michel

À tous ceux qui me
suivent au quotidien.

Introduction

Vous m'avez découverte en 2013 dans *Secret Story* et vous êtes désormais nombreuses à suivre mon quotidien de mère de trois enfants et d'entrepreneuse, mais aussi à participer à mon programme sportif, le « Alexia's Challenge ». Même si vous avez l'impression de me connaître à travers les réseaux sociaux, je suis pourtant assez secrète, d'autant plus que je vis maintenant loin des caméras et que je mène une existence presque ordinaire dans le Sud de la France.

Aujourd'hui, j'ai décidé de vous ouvrir les portes de mon univers pour vous raconter mon parcours qui n'a pas toujours été facile, depuis mon enfance jusqu'à la femme que je suis devenue ; à travers mes réussites, mes échecs, mes bonheurs et mes craintes.

Si la maternité ne coulait pas de source pour moi, si j'ai tout appris sur le tas (je n'ai lu aucun manuel de maternité ou d'éducation avant de me lancer dans cette grande aventure), je suis aujourd'hui épanouie et heureuse.

Vous trouverez dans ces pages beaucoup de conseils et d'astuces pour être une mère affirmée, mais cool ; et pour vivre cette expérience dans la joie, sans culpabilité ni pression. Même si vous pensez que c'est difficile – et ça l'est parfois –, je vous assure que c'est possible !

Faites-vous confiance, croyez en vous. Vous allez y arriver.

Alexia

Une famille ?

Ce n'était pas gagné d'avance !

ARRÊT SUR IMAGE

1er janvier 2022. Plage du Diamant, Martinique. Stéphane, les enfants et moi profitons de la mer et des derniers rayons du soleil. Nous sommes là depuis quelques jours et ce sont des vacances parfaites. Louise et Margot jouent dans le sable. Camille est dans le porte-bébé, tout contre son père qui installe son téléphone sur le trépied de l'appareil photo. « C'est chouette, il prend l'initiative de créer des souvenirs de famille », ai-je pensé (d'habitude, c'est plutôt moi qui m'en charge). Je suis en train de photographier les filles quand, tout à coup, je le vois avancer lentement dans ma direction.

Alors que je me relève, il arrive devant moi, pose un genou au sol et sort une boîte. En l'ouvrant, je commence à prendre conscience de ce qui est en train de se passer. Elle contient une magnifique bague en or blanc, sertie de diamants et surmontée d'un solitaire !

« Veux-tu m'épouser et devenir ma femme ? » me demande Stéphane. Sans hésiter, je réponds « Oui ! Oui ! Oui ! » tandis que Louise et Margot, comprenant qu'il se passe quelque chose de spécial, nous rejoignent et se mêlent à notre joie. Nous vivons un moment inoubliable de bonheur en famille et la caméra tourne toujours : je n'ai donc pas hésité à partager la vidéo sur mes réseaux (elle est toujours disponible). Ces séquences provoquent toujours en moi une émotion intacte et pure. Il n'y a pas de musique, pas d'artifice… juste nous, nos mots et le bruit des vagues.

UNE *enfance* DIFFICILE

Aujourd'hui, j'ai une famille unie et harmonieuse et je suis une mère comblée, mais cela n'était pas forcément gagné d'avance. Comme beaucoup de personnes nées dans les années 1980-1990, je suis une enfant du divorce : mes parents se sont séparés quand j'avais six ans. Je suis issue d'un milieu modeste de La Seyne-sur-Mer, à côté de Toulon. Ma mère travaillait à mi-temps comme assistante à l'Ifremer (Institut français pour l'exploitation de la mer), et mon père dans une petite entreprise d'électricité qui réparait des portails ou des interphones. Ils étaient très différents : ma mère était inquiète à propos de tout, toujours anxieuse, alors que mon père abordait la vie de manière beaucoup plus cool. Dès le départ, leur histoire d'amour s'est révélée tumultueuse, avec des disputes, des réconciliations, beaucoup de hauts et de bas.

Je suis née en 1989 et mon frère Alexandre a vu le jour deux ans plus tard. Les conflits entre mes parents ont continué. Ma mère aimait mon père, mais je ne suis pas tout à fait sûre qu'il l'aimait comme elle pouvait l'aimer. Ce qui est certain, c'est qu'ils n'étaient pas heureux ensemble.

L'ambiance était souvent tendue et j'ai très peu de souvenirs d'une vie de famille harmonieuse, ou de moments joyeux. Quand j'essaye de me rappeler notre vie à quatre, ce sont d'abord les disputes qui me reviennent en mémoire. Il me semble même que nous ne sommes jamais partis en vacances tous ensemble, ou du moins, si c'est le cas, je n'en ai aucun souvenir.

En 1995, mes parents se sont séparés. Nous sommes restés avec ma mère dans notre petit appartement où je partageais une chambre avec mon frère. Paradoxalement, c'est à partir de ce moment-là que l'on a un peu plus voyagé. Grâce aux avantages du comité d'entreprise de ma mère, on a pu s'offrir des petits séjours au ski, en Grèce, et même une belle croisière sur le Nil, en Égypte, dont je garde un souvenir mémorable, encore aujourd'hui. Nous sommes aussi allés en Nouvelle-Calédonie où était basé mon grand-père maternel, alors major dans la Marine nationale. J'ai adoré les superbes plages, les magnifiques paysages et l'atmosphère tropicale de cette île ; et je me sens vraiment chanceuse d'avoir autant voyagé si jeune. Excepté lors de ces parenthèses, je ne me sentais pas proche de ma mère. Elle n'était pas très maternelle. Le soir, elle ne dînait jamais avec nous, se contentant d'un plateau-télé de son côté pendant que mon frère et moi mangions dans la cuisine, seuls.

Il n'y avait pas non plus de moments câlins ni de mots doux comme je peux en partager aujourd'hui avec mes enfants, notamment au moment du coucher. Je m'allonge près d'eux, je leur lis une histoire, on parle de la journée écoulée ou des activités que l'on va faire le lendemain ; et, surtout, on se dit des « je t'aime » à tout va.

Ma mère ne nous gâtait pas beaucoup, elle nous répétait souvent qu'elle n'avait pas d'argent. D'ailleurs, on récupérait les vêtements déjà portés et trop grands des cousins et des cousines plus âgés que nous. Ma mère n'était pas non plus une « marrante ». Elle était stricte et sévère, ne jouait pas avec nous ; à l'opposé de mon père que je revois si joyeux, sautant dans des bouées, à la mer ou à la piscine. Elle se plaignait aussi d'être fatiguée et, quand elle rentrait du travail, on se devait d'être irréprochables mon frère et moi. Le manque de complicité avec ma mère m'a beaucoup fait souffrir et a creusé un fossé entre nous. J'ai souvent rêvé de fuguer ou même de changer de famille.

Je me comparais aux autres enfants autour de moi et je ne comprenais pas pourquoi, moi, je me sentais si mal. Ma vie n'était pas si horrible et il y avait des situations bien pires que la mienne, mais je me sentais malheureuse, même si je me devais de ne rien montrer. Aujourd'hui, avec beaucoup de recul et étant mère à mon tour, je crois que, au fond, ma mère nous aimait beaucoup. Elle pensait sans doute agir pour notre bien et voulait nous protéger, mais elle ne le faisait pas de la bonne manière. J'aurais aimé que les choses soient différentes, que l'on soit plus soudées et plus proches. Ma mère est aujourd'hui une merveilleuse grand-mère et c'est sûrement, pour elle, une manière de se rattraper.

À côté de ça, j'ai toujours été très proche de ma grand-mère paternelle, Mireille, chez qui je passais tous mes mercredis et parfois les week-ends. Oui, oui, celle que vous voyez dans mes *stories* et à laquelle Louise, Margot, Camille et moi rendons souvent visite ! Le mercredi, c'était jour de fête ! On faisait les courses ensemble et elle me laissait choisir ce que je voulais manger pour le repas de midi ou pour le goûter (c'est-à-dire essentiellement des bonbons, plein de gâteaux…). Ma grand-mère m'offrait des livres de coloriage, des perles pour fabriquer des colliers, des lanières de plastique pour tresser des scoubidous ; et elle me donnait fréquemment une petite pièce qu'elle me disait de bien cacher. Elle habitait (et habite toujours) une villa avec un beau jardin fleuri. Pour les enfants que nous étions, c'était génial, parce qu'il y avait une balançoire et un terrain de jeux. Elle nous laissait regarder les dessins animés à la télé ou des films en VHS. Elle m'avait aussi abonnée au magazine *Minnie* dont j'attendais chaque nouveau numéro avec impatience. On y trouvait des histoires, des jeux, parfois même des petits jouets. Plus tard, c'est elle qui m'a donné de l'argent de poche pour acheter des pains au chocolat à l'école ou pour recharger la carte de mon téléphone portable (à l'époque il n'y avait pas de smartphones), avant de me payer mon forfait pendant plusieurs années.

flunch

Ma grand-mère m'a aussi accueillie chez elle pendant six mois, lorsque l'on s'est séparés avec Stéphane, après notre rencontre en 2014. À cette époque, je travaillais dans une agence immobilière et je ne m'en sortais pas financièrement : j'avais chaque mois un découvert de 400 euros.

Ma grand-mère m'a proposé de quitter mon appart et de venir habiter avec elle pendant quelques mois, le temps que je me remette d'aplomb, autant financièrement que psychologiquement. Grâce à elle, j'ai vraiment pu faire des économies ; et quand Stéphane et moi nous sommes remis ensemble, puis avons pris un appartement, j'avais de quoi financer une partie de notre aménagement. J'étais (et je suis toujours) très proche de ma grand-mère Mireille, qui compensait l'affection que je ne recevais pas ailleurs. Elle m'écoutait, me faisait des câlins et des papouilles dans le dos pour m'endormir, elle me racontait des secrets, me laissait faire des bêtises comme me colorer les cheveux… Notre complicité était telle que lorsque je suis tombée enceinte de Louise, c'est elle que j'ai appelée en premier !

Quand mes parents se sont séparés, mon frère et moi avons vécu une période très difficile. Non seulement notre quotidien était totalement perturbé, mais ma mère ne nous épargnait rien de son énervement, de sa colère et de sa tristesse. Blessée, elle ne contrôlait pas son langage quand elle parlait de mon père et nous utilisait pour lui faire du chantage. Nous étions chez lui un week-end sur deux et la moitié des vacances scolaires, et lorsque l'on rentrait, au lieu de nous demander comment s'était passé le week-end, ma mère nous harcelait de questions sur la nouvelle compagne de mon père en lui donnant des surnoms peu gratifiants. Cela me mettait mal à l'aise car je m'entendais plutôt bien avec ma belle-mère – qui est devenue, quelques années plus tard, la mère d'Ambre, ma petite sœur âgée aujourd'hui de dix-neuf ans.

Mes parents ne se parlaient plus et se faisaient passer des messages par notre intermédiaire. Un dimanche soir, mon père, sous prétexte de m'exercer à la dictée, m'a fait écrire une lettre pour le juge dans laquelle j'exprimais le souhait de le voir davantage. Lorsque ma mère a reçu la lettre recommandée, écrite de mes mains, elle l'a évidemment très mal pris et m'a culpabilisée alors que je n'avais que huit ou neuf ans. Malgré mon jeune âge, j'avais déjà de l'empathie et je me sentais souvent mal pour elle. Aussi, même si j'avais pu choisir, jamais je ne serais allée vivre chez mon père, car elle ne s'en serait jamais remise. Elle a continué pendant longtemps de charger mon père. Si, par exemple, il arrivait avec cinq minutes de retard, elle faisait un scandale. Un jour, elle nous a même laissés, mon frère et moi, au commissariat parce qu'il n'était pas là. En attendant, les policiers nous ont fait visiter les bureaux, les salles d'interrogatoire et même la cellule de dégrisement. Aujourd'hui, j'y repense avec amusement, mais à l'époque cette situation était si difficile à vivre que j'ai fait un arrêt de croissance pendant deux ans. Le pédiatre a même fini par me dire que si je ne grandissais pas d'au moins un centimètre d'ici la prochaine visite, il faudrait envisager un traitement sérieux avec des injections d'hormones de croissance. J'ai eu tellement peur que j'ai prié tous les soirs pour prendre ce fichu centimètre. Les mots du médecin ont dû provoquer un déclic parce qu'à la consultation suivante j'avais enfin grandi. Mon frère était lui aussi perturbé par la séparation et par les mauvais rapports qu'entretenaient nos parents.

Il avait des difficultés à l'école et, surtout, il était agressif avec moi alors que l'on aurait dû, au contraire, se serrer les coudes. Il me faisait chanter, m'accusait de bêtises que je n'avais pas faites, et c'était toujours moi qui étais punie, car ma mère le croyait et ne me laissait pas le bénéfice du doute. J'ai reçu énormément de fessées pour des choses dont je n'étais pas responsable. J'avais l'impression d'être perçue comme une enfant désobéissante alors que je faisais tout pour éviter les conflits, fuir les cris et les pleurs. Cela m'a tellement marquée qu'aujourd'hui, quand mes filles font une bêtise, je cherche toujours à savoir qui a fait quoi. Si jamais je n'y parviens pas, je les punis toutes les deux.

L'école représentait pour moi un moment de répit parce que, enfin, j'étais loin de la maison et de mon frère ; mais elle ne me passionnait pas. Au collège, j'étais une élève vraiment moyenne, je n'aimais pas écouter et je bavardais. J'ai même fini par redoubler ma cinquième. L'année suivante, quand j'ai vu arriver les petits de sixième, cela m'a fait un choc. À partir de ce moment-là, je me suis bougée, j'ai appris mes leçons et j'ai même commencé à avoir de bonnes notes. L'école ne m'attirait pas davantage, mais je ne voulais plus redoubler alors j'apprenais bêtement les cours sans m'y intéresser. Sur le plan personnel, je n'étais pas une fille populaire (je n'avais pas assez de vêtements de marque pour ça), mais je n'ai jamais été harcelée et j'avais quand même des copines.

Malheureusement, nos relations n'allaient jamais très loin, car c'était tellement le bazar à la maison que je ne pouvais pas les inviter pour un goûter ou pour une soirée pyjama. Ma mère accumulait énormément de choses. On ne voyait même plus la table de la salle à manger tant il y avait de magazines, de prospectus, de linge, de produits ou de sacs entassés dessus. Dans la salle de bains, c'était pareil : des cosmétiques et du maquillage partout. Je détestais ça. Ce n'est pas étonnant que je sois devenue une maniaque du ménage et du rangement !

Je n'ai pas vraiment eu d'adolescence parce que je n'avais pas le droit de sortir, sauf pour aller à l'école, à mes cours de dessin ou de danse ou, plus rarement, pour dormir chez une copine. Je n'ai jamais fait ce que font les jeunes à treize ou quatorze ans : le cinéma ou le bowling le mercredi, les boums, les virées en scooter (sauf en de très rares occasions, mais c'était en douce et en mentant). Heureusement, ma meilleure amie Pricilia, que je connaissais depuis la maternelle, habitait en face de chez moi, on pouvait donc se voir facilement. Elle connaissait tout de moi, c'était ma confidente, celle à qui je pouvais tout dire sans qu'elle me juge. Je ne flirtais pas vraiment non plus, ou très peu, car j'étais gênée par ma vie, mon manque de moyens, notre appartement. Je me suis très peu rebellée. Je savais que, si je le faisais, je me ferais punir et que ce serait la guerre. Autant dire que j'avais hâte de partir, de travailler et de vivre ma vie.

LE LYCÉE : UN VENT DE *liberté*

Mon entrée au lycée Dumont d'Urville de Toulon a marqué le début des premières libertés. Le portail était toujours ouvert et on n'était plus obligés de demander l'autorisation des parents pour sortir. J'ai commencé à avoir beaucoup de copines et, pendant les heures de permanence, on allait faire les magasins. On se lançait aussi des défis, comme demander des pièces aux gens dans la rue pour pouvoir aller boire un verre sur le port. Aujourd'hui, quand j'y repense, je n'aimerais pas que mes filles fassent ça ; mais pour moi qui avait vécu des années de collège assez strictes, c'était comme une petite revanche. À cette période, je rêvais beaucoup. Le soir quand je me couchais, je tardais à m'endormir, car je me faisais des films en imaginant, par exemple, que la journée du lendemain au lycée serait parfaite. Je me faisais ainsi inlassablement le scénario d'une vie rêvée.

Sur le plan scolaire, en revanche, rien n'avait changé, et je ne me suis pas transformée du jour au lendemain en bonne élève. Après la seconde, j'ai choisi un bac littéraire option arts plastiques, parce que j'avais toujours été très manuelle. J'aimais le découpage, le collage, la peinture, les pastels. J'adorais ces cours ainsi que l'histoire de l'art. Le reste ne me passionnait pas. Je voulais avoir mon bac parce que mes parents me mettaient la pression, alors qu'en réalité, après la classe de troisième, j'aurais préféré apprendre un métier en lien avec la coiffure, le maquillage ou le monde de l'esthétique.

Mes parents m'ont poussée vers le lycée général car j'avais toujours eu la moyenne, sans compter qu'à l'époque l'apprentissage n'était pas du tout valorisé. J'avais hâte d'être autonome financièrement et, dès que j'ai eu l'âge, j'ai trouvé des petits jobs pendant les vacances. J'ai été baby-sitter, serveuse et livreuse d'annuaires.

Je me souviens encore de ce job où l'on était payé au nombre d'annuaires livrés. Pour ne pas faire quarante allers-retours à l'entrepôt, je chargeais ma voiture au maximum et, comme je n'avais pas d'amortisseurs, c'était toute une aventure. Puis, il fallait sortir le diable, charger les annuaires, les distribuer, parfois éviter les chiens qui me coursaient, être conciliante avec les gens qui me parlaient longtemps, alors que je n'avais qu'une envie : terminer à midi pour rejoindre mes potes à la plage. Grâce à ces petits boulots, j'ai pu m'offrir le permis de conduire, des restos, des sorties en boîte, du maquillage et toutes sortes de petits plaisirs dont j'avais été privée pendant mon adolescence.

J'ai eu mon bac au rattrapage, mais je l'ai eu ! J'avais très peu révisé, car je souffrais de problèmes de concentration et je n'aimais pas apprendre ce qui ne m'intéressait pas. J'avais la tête ailleurs et, à chaque fois que je me plongeais dans un cours, cela me donnait des angoisses. J'avais beau lire et relire mes leçons, mon esprit dérivait systématiquement. Alors j'ai fermé tous les livres et j'ai décidé de m'en remettre à la chance. Après les résultats, je me revois, marchant dans la rue, me répétant « j'ai mon bac, j'ai mon bac ! »

À ce moment précis, ça m'avait paru très important, alors qu'en réalité, à bien y regarder, le bac seul ne garantit pas forcément un bel avenir. Néanmoins, ce sésame signifiait que j'allais être libérée de la pression parentale pour être, enfin, totalement indépendante. Un moment, j'ai envisagé de faire une école d'art, et j'ai même été sur liste d'attente pour intégrer La Grande Tourrache à La Garde, près de Toulon. Mais j'ai vite renoncé à ce projet. Quant aux études longues, ce n'était pas non plus fait pour moi. Lorsque je voyais certains de mes amis s'inscrire à la fac, cela ne m'inspirait vraiment pas.

L'armée, UN MÉTIER FORMATEUR MAIS DIFFICILE

Je voulais travailler tout de suite, mais je n'avais aucune idée de ce que je pourrais faire. Mon grand-père maternel, qui était militaire, m'a alors encouragée à entrer dans l'armée. Je le revois encore me lancer : « Pourquoi tu ne tentes pas la Marine nationale ? C'est génial. » J'ai réfléchi un instant. « Après tout, pourquoi pas ? » Je me suis donc rendue à la journée découverte de la Marine à Toulon ; puis j'ai effectué, pendant quelques semaines, une préparation militaire au cours de laquelle j'ai appris la hiérarchie, les grades, les règles ou encore à marcher au pas. Ensuite, j'ai passé le concours. Je me souviens encore du coup de fil que j'ai reçu un samedi matin à 8 heures alors que, la veille, j'étais sortie en boîte et que je m'étais couchée à 6 heures du mat'. J'ai décroché, mal réveillée, et j'ai entendu : « Bonjour, Marine nationale ! » J'ai retenu mon souffle, puis on m'a annoncé que j'avais réussi le concours et que j'étais admise. Je me suis mise à sauter de joie sur mon lit ! J'allais enfin pouvoir prendre mon envol. J'ai déménagé à Cherbourg pour suivre mes classes de matelot.

C'était la première fois que je partais seule aussi loin de chez moi, dans une ville et un environnement inconnus. Quelle aventure !

J'étais tellement heureuse de prendre mon indépendance ! D'autant plus que j'allais gagner un salaire durant les trois mois et demi de classes. J'ai signé mon contrat le jour de mes vingt ans. C'était le début de ma vraie vie. Le jour de mon départ, ma mère, qui m'avait accompagnée sur le quai de la gare, pleurait. Moi, au contraire, j'étais euphorique.

À Cherbourg, les recrues logeaient dans une grande caserne, l'école des Fourriers. Je partageais ma chambre avec six autres filles. Les repas se prenaient au self et le couvre-feu était fixé à 22 heures. Plus de lumière, plus d'ordinateur, ni de téléphone. Il fallait respecter les règles, l'autorité, les grades. Au début, cette discipline ne me dérangeait pas et je pensais m'y habituer ; mais très vite, je me suis autorisé de petites entorses. J'avais été nommée chef de groupe et, quand mon supérieur hiérarchique me demandait d'emmener les autres recrues pour courir ou pour faire des pompes, je n'obéissais pas toujours. Je conduisais mon groupe dans un coin reculé de la base et on s'asseyait pour discuter « à la cool ». Pendant mes classes, j'ai vécu un épisode de harcèlement sexuel très difficile à gérer. Dès mon arrivée, un de mes supérieurs hiérarchiques m'avait remarquée. Aux réunions du matin, il commençait à me faire des blagues, à me draguer ; et le soir, après l'extinction des feux, il m'envoyait des textos pour me dire qu'il était devant ma porte.

Il s'incrustait lors de nos sorties en boîte, alors qu'aucun autre gradé n'était présent. Il me tournait autour et me disait que je dansais « comme une pute ». Lors des exercices physiques et des marches, il s'arrangeait toujours pour être près de moi et me donnait des petits coups de bambou sur les fesses. Évidemment, je protestais avec vigueur. Je le méprisais tellement que, lorsqu'il me cherchait, je le tutoyais et le repoussais en disant « Tu es malade, lâche-moi ! » D'autres recrues ont même fini par penser que l'on sortait ensemble ou bien que l'on avait eu une liaison. Une fois la formation terminée, je n'ai plus entendu parler de lui… jusqu'à ce que la gendarmerie me contacte, deux ans plus tard, alors que j'étais en poste à Toulon. Ils m'ont informée que cette personne faisait l'objet d'une plainte pour viol et que mon nom était sorti pendant les auditions. Je leur ai confirmé que j'avais bien été harcelée sexuellement, mais jamais agressée physiquement. Je suis solide et jamais je n'ai cédé. Mais quand j'ai entendu ça, je me suis dit que je l'avais échappé belle… Avec le recul, je pense même que si j'étais montée dans sa voiture, j'y serais passée moi aussi. Dans un cas de harcèlement ou d'agression, il faut être sûre de soi et ne pas hésiter à avertir sa hiérarchie ou la police.

Au bout des trois mois et demi de classes, au cours desquelles on enchaînait formation de terrain et formation au métier, l'affectation dépendait du classement final. Il y avait des postes à terre ou en mer, sur le terrain, dans les bureaux, en France, à l'étranger.

Les postes « en campagne » dans les pays chauds étaient les plus convoités, suivis par les places dans le Sud de la France. Pendant les classes, j'avais vraiment bien travaillé pour être dans le haut du classement. Je voulais réussir, pas comme au lycée. Mes efforts ont payé et j'ai terminé 3e. J'ai ainsi eu le choix entre deux campagnes et Toulon.

À la surprise générale, j'ai choisi Paris. Sur un désir, une impulsion. Je me suis dit : « C'est la capitale. Je suis jeune. Quel meilleur endroit pour apprendre la vie ? » À ce moment-là, je ne me sentais pas encore totalement autonome. Par exemple, pour certains papiers, j'appelais encore ma mère. En étant loin de chez moi, j'allais être obligée de me débrouiller.

À Paris, j'ai eu la chance de loger et de travailler dans une base toute proche de la gare Saint-Lazare et du boulevard Haussmann, où se trouvent le Printemps, les Galeries Lafayette et beaucoup d'autres boutiques. Tous les jours après mon travail, j'allais faire du shopping. Je me prenais pour une héroïne de la série *Gossip Girl* que je regardais à l'époque et qui me faisait rêver avec son univers luxueux. Le week-end, je ne rentrais pas chez moi, contrairement aux quatre filles avec qui je partageais ma chambre. J'adorais me retrouver seule, me faire des petits plateaux-repas devant la télé. Les premiers mois, j'ai vraiment adoré cette vie. Et comme j'étais logée, nourrie et blanchie, je me faisais plaisir avec les 1 400 euros de salaire que je gagnais. Je me payais des fringues, du maquillage, des bijoux, du matériel multimédia ; et j'allais au cinéma. Je compensais le fait de n'avoir pas eu d'argent de poche à l'adolescence. Ma mère, qui avait procuration sur mes comptes, était parfois effarée devant mes relevés bancaires, et me traitait de panier percé quand elle voyait se multiplier les dépenses chez Zara ou chez H&M. Et c'est vrai, je ne comptais pas. Je mettais seulement un minimum d'argent de côté pour pouvoir, par exemple, payer mes billets de train pour Toulon.

J'avais un poste administratif. Je m'occupais des papiers militaires, et notamment du renouvellement des cartes SNCF. Les premiers temps, j'ai eu énormément de travail : la personne qui occupait le poste avant moi était partie en arrêt maladie, laissant mille dossiers à traiter. Comme je suis maniaque et carrée, j'ai bossé comme une machine de guerre pour rattraper ce retard. Mais, rapidement, est arrivé le moment où j'étais tellement à jour que je n'avais quasiment plus rien à faire. Et comme je n'avais pas quinze militaires par jour qui venaient faire renouveler leur carte SNCF, je m'ennuyais. Au début, j'aidais régulièrement mes collègues dans leurs tâches, puis j'en ai eu marre de faire le boulot des autres. Ma cheffe directe était aussi froide qu'une porte de prison. Elle me faisait souvent des remarques sur mon maquillage ou sur mon vernis à ongles, alors que dans l'armée on a le droit d'en porter (la seule contrainte porte sur les cheveux : ils ne doivent pas toucher le col de l'uniforme). J'avais pourtant de bons retours de la part des autres chefs, mais cette ambiance a fini par m'user et je me suis mise à rentrer tous les week-ends à Toulon pour respirer. Je m'entendais aussi moins bien avec les autres filles de la chambre, dont une en particulier avec qui j'avais failli me battre à cause d'une supposée rivalité amoureuse. Elle avait des vues sur un militaire avec qui j'étais amie mais qui ne m'intéressait pas du tout. Quand elle m'a accusée de vouloir lui « piquer son mec », j'ai commencé à avoir peur d'elle, et à juste titre. Elle m'a en effet raconté que, pendant sa préparation militaire, elle s'était vengée d'une autre fille en lui coupant les cheveux pendant son sommeil. Du coup, chaque nuit, j'avais des angoisses et je dormais mal. J'ai réussi à changer de chambre, mais le cœur n'y était plus. L'ambiance de Paris me plombait aussi le moral, avec un temps presque toujours gris et des gens continuellement stressés dans les rues ou le métro. Deux ans après mon arrivée, j'ai donc décidé de quitter la capitale.

J'ai eu un très gros coup de chance car, en principe, une fois que l'on est basé à Paris, c'est très difficile d'avoir une affectation dans le Sud. Le hasard a bien fait les choses : quelqu'un de Toulon souhaitait monter à Paris pour rejoindre son conjoint. Nous avons donc rempli des dossiers pour permuter nos postes. C'était une chance d'autant plus rare que, pour pouvoir ainsi échanger les affectations, il fallait obligatoirement trouver quelqu'un de même grade et de même spécialité, ce qui était notre cas. Quelques mois plus tard, j'étais enfin de retour dans le Var. J'ai d'abord occupé un poste de comptable. J'étais en charge des paies, mais cela ne me plaisait pas, car mes collègues féminines débitaient des ragots à longueur de journée.

Ma vie
EN 10 DATES CLÉS

1989 :
Naissance à La Seyne-sur-Mer

1998 :
Obtention de mon bac littéraire option arts plastiques

2009 :
Engagement dans la Marine nationale

2013 :
Participation à *Secret Story*

2014 :
Rencontre avec Stéphane

2017 :
Naissance de Louise

2018 :
Lancement du « Alexia's Challenge »

2018 :
Naissance de Margot

2021 :
Naissance de Camille

2023 :
Mariage avec Stéphane

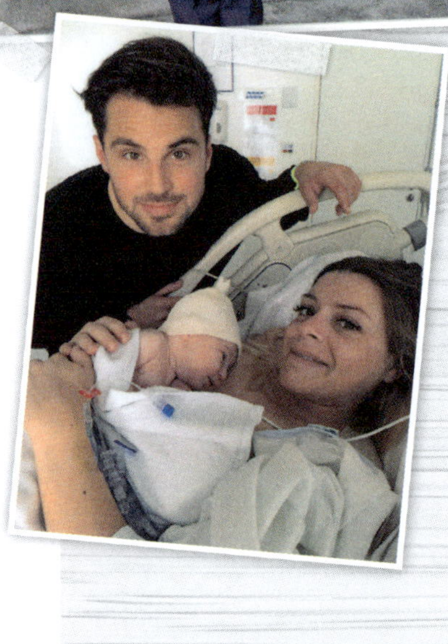

Ensuite, je suis devenue la secrétaire d'un officier, ce qui était beaucoup plus cool, sans compter que j'avais un bureau isolé que je partageais seulement avec son assistante personnelle. Malgré cette mutation, ce milieu commençait à me peser. L'autorité m'était de plus en plus pénible et, surtout, l'attitude des hommes. Déjà pendant mes classes, en plus du supérieur qui me harcelait, les militaires étaient parfois lourds et dragueurs. Pour certains d'entre eux, les femmes « c'était de la viande ». Pendant mon stage « embarqué » d'un mois (sur un bâtiment de la Marine), j'ai subi des approches grossières et répétées. Je n'ai jamais montré que j'avais peur, mais je ne me sentais pas en sécurité sur le bateau. Un jour, un marin a refermé la porte derrière moi dans la cantine vide. Heureusement, quelqu'un a voulu entrer à ce moment-là, ce qui l'a obligé à ouvrir et à me laisser tranquille. Lors d'une escale à Agadir, certains étaient déchaînés en mode « ce qui se passe en escale reste en escale ». On est sortis en boîte et ils étaient totalement bourrés, se payaient même des prostituées. Cela m'a complètement dégoûtée. Aussi, au bout de quatre ans, quand mon contrat est arrivé à son terme et qu'on m'a demandé si je voulais le renouveler, j'ai décidé de passer à autre chose. Cette autre chose allait être totalement nouvelle, excitante, porteuse d'opportunités, mais aussi très stressante : *Secret Story*. Avant de quitter l'armée, j'avais été contactée *via* Facebook par un des casteurs de la saison 7 de l'émission. Il avait vu mes photos en boîte de nuit (j'en postais pas mal à l'époque) et il m'avait demandé si j'avais un secret. J'en avais effectivement un… et de taille !

LA *télé-réalité* : UN TREMPLIN GLISSANT

Quand ma mère était enceinte de moi on lui a annoncé, à la première échographie, qu'elle attendait des jumeaux. Or, lors de la deuxième échographie, il n'y avait plus qu'un seul embryon et les médecins ont décrété qu'il y avait eu une erreur dans l'interprétation des premières images. Puis je suis née, j'ai grandi, et on n'en a plus jamais reparlé ! Au moment de la puberté, vers l'âge de quatorze ans, j'ai commencé à avoir du ventre. C'était très étrange, surtout que le reste de mon corps était fin. J'avais aussi, chaque matin, des douleurs abdominales atroces, comme des contractions. Malgré mes plaintes, ma mère a tardé à m'emmener consulter car elle pensait que je simulais pour ne pas aller au collège. Quand nous avons fini par y aller, le médecin a constaté que j'avais un ventre très dur. J'ai passé une échographie et on a découvert une masse au niveau d'un de mes ovaires. J'ai été hospitalisée dès le lendemain et mon ventre a grossi d'un seul coup, comme lorsqu'on admet enfin un déni de grossesse. J'ai subi une césarienne et on m'a retiré un kyste de vingt et un centimètres de diamètre.

Quand il a été disséqué et analysé, les médecins en ont extrait des cheveux, du cartilage, de la moelle épinière, et même des dents. Il s'agissait des restes de ce jumeau oublié, qui s'étaient fossilisés en moi. Ma mère avait donc bien eu une grossesse gémellaire, mais une des deux poches avait dû fusionner avec l'autre durant les premières semaines de grossesse, ce qui explique pourquoi il n'y avait plus qu'un seul embryon à la deuxième échographie. Après l'opération, je n'avais plus qu'un ovaire : on m'a prévenue que ce serait plus difficile et peut-être plus long pour moi de devenir mère. Cette incertitude m'a aussitôt angoissée, car depuis mon adolescence je savais que je voulais avoir des enfants.

C'est avec ce secret que, fin 2012, j'ai passé le casting de *Secret Story* à Paris. En soi, ce n'était pas très compliqué. Il fallait raconter sa vie face à la caméra, dire que l'on aimait s'amuser et faire la fête, vendre les côtés positifs de sa personnalité. J'ai postulé à cette émission en pensant d'abord à l'argent : le gagnant pouvait remporter 100 000 euros, ce qui me paraissait énorme, sans compter les cagnottes que l'on pouvait se constituer au cours du jeu. Je me disais aussi que le programme m'ouvrirait peut-être des portes pour l'avenir et, comme beaucoup de jeunes à cette époque, passer à la télé me faisait rêver ! Au bout de quelques mois, on m'a annoncé que ma participation était retenue. Mais cela ne voulait pas forcément dire que j'allais faire l'émission, je pouvais être sur la liste des remplaçants et ne jamais entrer dans la maison. C'est seulement quand on m'a rappelée pour tourner le générique et le portrait de présentation que les choses ont commencé à se préciser. Puis, enfin, on m'a communiqué la date du début de l'aventure. Je me revois faire ma grosse valise pour trois mois et prendre le train pour Paris.

Quand je suis arrivée, une « nounou » (personne qui s'occupe des candidats avant et pendant l'émission) m'attendait à la gare. Elle m'a autorisé à envoyer un dernier message à mes proches, puis m'a pris mon téléphone, avant de m'emmener dans un hôtel où j'ai passé quelques jours très pénibles, totalement coupée du monde. Quand nous allions manger à l'extérieur, elle choisissait les trottoirs sur lesquels on marchait pour éviter de passer devant les kiosques à journaux. Tout était fait pour que je commence à me sentir hors de la vie réelle. Enfin, le 7 juin 2013, l'émission a débuté et je suis entrée dans la maison. Lorsque j'ai découvert les autres candidats, je me suis d'abord demandé ce que je foutais là. Je les trouvais immatures : leurs discussions ne volaient pas haut et leurs blagues n'étaient pas drôles. Je me sentais « vieille », alors que je n'avais que vingt-trois ans, et pas à ma place. J'ai décidé de prendre sur moi, et j'ai fait en sorte de bien m'entendre avec tout le monde. De toute façon – puisque j'avais d'emblée refusé de jouer un rôle, quitte à passer pour banale –, je ne pensais pas rester plus de quinze jours… Je n'avais pas envie de me composer un personnage, parce qu'à la sortie je risquais de me perdre. Je me répétais : « En restant toi-même, tu sauras toujours qui tu es. » Finalement, c'est sans doute cela qui a plu au public et qui m'a permis d'arriver en finale.

Les trois mois d'enfermement ne m'ont pas tant pesé, même si le temps passait très lentement. Dans ce type d'émission, on attend constamment. On ne s'en rend pas forcément compte à l'écran, mais les activités ne durent parfois pas plus de quelques minutes.

On reste fréquemment enfermés trois ou quatre heures dans les chambres, le temps que les décors soient installés pour les soirées. Je m'ennuyais tellement que je me suis mise à fumer, moi qui n'avais jamais touché une cigarette de ma vie. À la fin de l'émission, j'étais presque devenue accro. Comme il n'y a pas d'horloge, on ne sait jamais l'heure qu'il est et, progressivement, on en vient à vivre de manière totalement décalée… Il m'arrivait par exemple de finir mes interviews au « confessionnal » et de voir que le jour se levait. Comme on n'a plus de repères, on peut devenir hypersensible et on a besoin de se rapprocher de quelqu'un, ne serait-ce que pour se rassurer. C'est comme ça que j'ai noué une relation avec Vincent. On avait le même âge et on se ressemblait. Même si c'était davantage de l'attachement que de l'amour, il me semble que notre histoire a été montée en épingle par la production qui faisait tout pour nous pousser au clash. J'ai aussi l'impression que nous avions des missions contradictoires qui n'étaient pas précisées à l'antenne. Dans la même journée, « La Voix » pouvait me demander d'obtenir un « je t'aime » de la part de Vincent, et à Vincent de m'ignorer. Du coup, je passais pour la « lourde » et lui pour le « connard ». Je me sentais manipulée. La production nous convoquait également au confessionnal à des moments où nous nous sentions particulièrement vulnérables : au saut du lit et pas habillés, par exemple. J'ai l'impression qu'elle choisissait les séquences sur lesquelles elle voulait nous faire réagir, que les questions étaient orientées et qu'il fallait les reformuler systématiquement de manière à laisser penser ensuite aux téléspectateurs que les phrases ou observations que l'on nous soumettait venaient spontanément de nous. Cela entraînait parfois des embrouilles avec d'autres candidats pour des motifs complètements anodins. Quand je suis sortie de l'émission avec le montant de ma cagnotte, soit environ 40 000 euros, je n'avais qu'un désir : retrouver ma vie et tourner la page. À mon avis, la télé-réalité est un monde de fous et d'hypocrites.

Les paillettes, ce n'était pas pour moi. La vie normale me manquait, d'autant qu'après un programme comme *Secret Story*, on passe de l'anonymat total à des semi-émeutes dans la rue, comme si l'on était tout à coup Madonna ou Beyoncé. Les gens ont l'impression que tu es leur sœur, leur cousine ; ils veulent te parler, te toucher. D'ailleurs, au début, on ne sortait jamais sans trois gardes du corps. Vincent, avec qui j'ai passé quinze jours à Paris après la finale, adorait cette vie : il aimait plaire et être au centre de l'attention. Et surtout il voulait, comme la plupart des autres candidats, faire de nouvelles émissions. On n'avait vraiment plus rien à faire ensemble. On a rompu et je suis retournée dans le Sud où je pensais être enfin tranquille. Mais, quand je suis arrivée à la gare de Toulon, une foule de fans m'attendait. Dans les semaines et les mois qui ont suivi, je devais me cacher pour sortir ou faire des courses. Je l'ai très mal vécu, je ne supportais plus de me faire arrêter dans la rue, de faire des photos, même si je m'y prêtais toujours avec le sourire. J'avais hâte que la prochaine saison commence pour qu'on m'oublie, et pour ne plus être sans cesse sur le qui-vive. Afin de retrouver au plus vite une vie ordinaire, j'ai décidé de retravailler très rapidement. C'est ainsi que j'ai été embauchée à l'accueil d'une agence immobilière. Mais, même là, les clients s'exclamaient sans cesse : « Mais vous êtes Alexia de *Secret Story* ! » Plusieurs semaines après l'émission, dans la rue, on me regardait et on m'arrêtait toujours.

Quand je sortais mon chien ou que je descendais en jogging à l'épicerie acheter des céréales, on me klaxonnait. Je n'étais pas près d'être oubliée. J'acceptais toujours les photos avec le sourire, mais j'en avais marre. Je restais enfermée dans mon appartement. J'étais si angoissée que j'ai même demandé à une copine de venir dormir chez moi pendant plusieurs semaines. C'est à cette époque que j'ai commencé à être un peu plus présente sur Snapchat et Instagram.

Je postais des photos et quelques moments basiques de ma journée, notamment mes séances de sport parce que je m'étais mise à fond dans le fitness pour essayer d'avoir un meilleur rapport à mon corps. J'étais encore marquée par les complexes liés à mon kyste, et donc à mon ventre. À l'époque, le parrain de mon frère m'appelait même le « pneu de 4 x 4 ». Vraiment pas terrible pour l'estime de soi. Après *Secret Story*, j'ai eu envie de me reprendre en main, d'aller courir, de faire de la musculation, de manger équilibré ; et je partageais cette routine sur les réseaux. Pas mal de filles se sont mises à me suivre et à m'écrire quand elles ont vu que cela fonctionnait. Elles me demandaient des conseils. C'est à ce moment-là qu'a germé l'idée de lancer mon propre programme de remise en forme ; d'autant plus que mon travail à l'agence immobilière m'ennuyait et me démontrait, encore une fois, que je n'étais pas faite pour être salariée, avoir un chef, respecter des horaires… et encore moins pour un job qui ne me passionnait pas !

STOP !

PULSIONS ALIMENTAIRES :
DEMAIN J'ARRÊTE !

SUR LES RÉSEAUX SOCIAUX, VOUS ME VOYEZ SPORTIVE ET BIEN DANS MA PEAU. POURTANT, ADO, ET MÊME PLUS TARD, J'ÉTAIS UNE FILLE TRÈS COMPLEXÉE.

J'étais obsédée par mon poids et par mon corps. Je n'étais pas grosse, mais j'étais plus épaisse, plus grasse. Je me comparais sans cesse aux autres filles et je les voyais toujours mieux que moi. J'enchaînais les phases d'anorexie et de boulimie. Je m'affamais pendant trois jours, ne mangeant presque rien, puis j'étais prise de compulsions alimentaires et je me gavais le quatrième jour. Si j'allais à la boulangerie, je prenais une pizza, une quiche, un croissant, une brioche... ou alors j'avalais trois paquets de chips. J'aurais voulu me faire vomir, mais je n'y arrivais pas. Que je mange ou pas, je ne vivais que pour la bouffe et je ne pensais qu'à ça. Je souffrais terriblement, mais je n'en parlais pas ni ne m'en plaignais, car j'étais convaincue que ce n'était pas un problème grave. Pourtant, quand je mangeais à outrance, le lendemain j'en pleurais de regret. Je me torturais : « Pourquoi je fais ça alors qu'ensuite je me sens si mal ? » Je me revois faire des dizaines d'abdos sur mon tapis pour essayer de compenser les excès. À chaque fois, je me disais : « C'est la dernière fois ! Demain j'arrête. » Mais ça recommençait. Un vrai cercle vicieux... qui a duré des années. Alors, si vous vivez une situation similaire, n'hésitez pas à en parler à une copine ou à quelqu'un de proche qui pourra vous épauler, car je sais à quel point on peut se sentir seule dans ces moments-là.

Consultez un médecin ou une diététicienne. Je vous jure que j'aurais aimé être aidée, guidée, comprise ; mais j'avais honte d'en parler, honte de « m'inventer » un problème. Les troubles du comportement alimentaire peuvent parfois devenir graves et avoir de vraies répercussions sur l'état de santé général. Croyez-moi, il est possible d'en venir à bout, même si c'est long. J'en suis un bel exemple et, en plus, j'ai réussi seule ! Aujourd'hui, tout ça, c'est fini.

Il a suffi un jour d'un déclic et tout est devenu plus simple. Ce déclic a été *Secret Story*, parce qu'on était surveillés 24h/24 et que je n'étais jamais seule. Or, les crises de boulimie, je les faisais toujours sans témoin et en cachette. De plus, en sortant du programme, j'avais tellement de rendez-vous que je ne pouvais pas me laisser aller à mes pulsions alimentaires. Progressivement, je me suis mise à manger équilibré (j'ai toujours su ce qu'il fallait faire pour ça) et à faire de vrais repas, avec des protéines, des légumes et des féculents. Pour m'y tenir, je faisais un planning de mes repas pour la semaine ; et lorsque je faisais les courses, j'achetais uniquement ce dont j'avais besoin, ce qui évitait beaucoup de tentations. Mon corps a changé et j'ai commencé à aimer cette nouvelle silhouette, à me trouver belle.

Aujourd'hui, j'ai gardé cette discipline alimentaire, même si je fais des exceptions quand je vais au restaurant ou bien le week-end. Se faire plaisir de temps en temps est indispensable, parce qu'à long terme le contrôle permanent crée des frustrations. Ce qui m'a également beaucoup aidée, c'est que j'ai toujours été sportive. Aussi, même si je me goinfrais jusqu'à n'en plus pouvoir, je bougeais. Le sport peut être la première étape pour en sortir. Je vous invite toutes à vous y mettre, même si vous pensez ne pas aimer ça. Je vous jure qu'à force on ne peut plus s'en passer, tant cela procure de bienfaits psychologiques et corporels. Quand le sport devient une habitude, on se demande même comment on faisait avant !

PORTRAITS *crachés*

Alexia

Née le 23 juin 1989

Taille : 1,59 m • Poids : 54 kg

Qualités : dynamique, enjouée, souriante, hyperactive, maniaque (mes qualités sont aussi souvent mes défauts), ambitieuse, je sais aussi facilement lâcher-prise quand il le faut.

Défauts : têtue (je veux toujours avoir raison), mauvaise perdante, maniaque, trop exigeante. Trop curieuse (je veux toujours tout savoir. Stéphane en sait quelque chose).

Stéphane

Né le 2 avril 1987

Taille : 1,75 m • **Poids :** 80 kilos en gros

Qualités : généreux, serviable, calme (c'est la force tranquille), posé, drôle.

Défauts : impatient, stressé, parfois râleur, très organisé (s'il ne prévoit pas tout à l'avance, on frôle la panique).

Louise

Née le 17 mai 2017 à 16 h 17

Taille : 49 cm • **Poids :** 3,5 kg

Qualités : affirmée, frondeuse (elle n'a peur de rien), confiante (c'est la petite fille sûre d'elle), sensible (elle peut pleurer de tristesse comme de joie).

Défauts : têtue (quand elle a une idée en tête, elle ne l'a pas ailleurs… cherchez la ressemblance), mauvaise perdante (cherchez encore la ressemblance), vive.

Margot

Née le 9 septembre 2018 à 9 h 36

Taille : 49 cm • **Poids** : 3,420 kg

Qualités : rêveuse, fantasque (elle aime porter des chapeaux, des chaussures et des vêtements qui ne ressemblent pas à ceux des autres), douce, libre (elle vit comme bon lui semble) et affirmée.

Défauts : tête en l'air et un peu râleuse (comme son père).

Camille

Né le 16 avril 2021 à 15 h 35

Taille : 51 cm • **Poids :** 4, 045 kg

Qualités : gentil, câlin, coquin (il adore rire) et affirmé (même s'il est encore très jeune, son caractère est un mélange de celui de ses deux sœurs).

Défaut : têtu (comme Louise et moi !).

Milo

La première fois que j'ai vu Milo, mon jack russel, c'était derrière la vitrine d'une animalerie. Il était seul dans son box et il devait avoir environ trois mois. Depuis douze ans, c'est devenu un compagnon de tous les instants pour les enfants et moi. Un membre à part entière de notre famille, calme et affectueux, même s'il a tendance à aboyer systématiquement devant les inconnus. Depuis que je suis jeune, j'ai toujours rêvé d'avoir un animal de compagnie. Ma mère n'était pas vraiment pour, mais j'ai quand même fini par avoir des hamsters, des oiseaux et même des rats. Quand je suis revenue vivre dans le Sud, à la fin de mon engagement dans l'armée, j'ai donc décidé d'adopter un chien.

Au départ, je voulais aller dans un refuge, mais le hasard m'a menée devant cette animalerie. Dès que je l'ai tenu dans mes bras, j'ai craqué. Il était peureux, il tremblait comme une feuille. Je sentais son souffle à travers sa truffe fraiche. C'est vraiment un compagnon de vie et quand il ne sera plus là, je serai très triste. Il a une relation géniale avec les enfants. La première fois que j'ai été enceinte, on m'avait dit que mon chien allait changer et qu'il risquait de se montrer agressif, mais nous avions tout organisé. Nous ne l'avons jamais laissé seul, même quand j'ai accouché. Stéphane a passé la nuit à la maison pour rester avec lui et chaque jour, après m'avoir rendu visite à la maternité, il lui faisait sentir un body que Louise avait porté. Quand je suis rentrée, il connaissait déjà son odeur. Nous avons fait la même chose pour chacun de nos enfants.

La maternité,

une sacrée aventure !

UNE RENCONTRE, *une évidence*

C'est en faisant du sport que j'ai rencontré celui qui allait devenir le père de mes trois enfants et mon époux : Stéphane. Avis aux célibataires, la salle de sport peut être un très bon lieu de rencontre ! Je sortais des vestiaires et étais en train de descendre les escaliers en regardant mes pieds lorsque l'on s'est bousculés. J'ai levé les yeux et je l'ai vu. Une scène digne d'un film. Il était tellement beau ! Je me suis mise à bégayer et, après m'être excusée, je lui ai dit « bonne nuit » !!! Le moins que l'on puisse dire c'est qu'il m'a tout de suite fait perdre mes moyens ! Curieusement, et alors que je ne l'avais jamais croisé auparavant, il est revenu à la même heure le lendemain. On a un peu plus discuté, puis on a échangé nos numéros. Pour notre premier rencard, nous sommes allés au cinéma, ce qui n'était pas forcément le meilleur moyen de faire connaissance. Ensuite, au restaurant, j'étais tellement stressée que, pour le cacher, j'ai beaucoup, beaucoup parlé. Je crois que si j'avais pu m'enfuir je l'aurais fait. Je racontais plein de blagues nulles pour dissimuler ma fébrilité. À un moment, je me suis levée et j'ai dit nerveusement : « Je vais aux toilettes. Enfin… si je ne m'enfuis pas par derrière ! » Une fois seule, je me suis maudite. Qu'est-ce qui m'avait pris de dire ça ?

C'était nul. J'ai essayé de me ressaisir : « Bon, maintenant tais-toi et arrête de dire des bêtises. » Évidemment, ça n'a pas loupé… quand je suis revenue à table, il a fallu que je lance : « Eh non ! Je suis là ! » Mais quelle abrutie ! Après coup, j'ai eu peur qu'il me prenne pour une folle et qu'il n'accepte jamais de me revoir.

Finalement, on s'est revus dès le lendemain. Je l'avais invité à dîner chez moi. Quand il est arrivé, j'étais toujours aussi gênée, alors j'ai pris le prétexte d'aller chercher la bouteille de rosé que j'avais mise au frais pour respirer un grand coup. Là, il m'a attrapé la main et il m'a dit : « Quitte à le faire en partant, autant le faire maintenant ! » Et il m'a embrassée. C'est à cet instant que notre histoire a vraiment démarré. Il était beau, gentil. J'étais sous le charme et je suis très vite tombée amoureuse. Nous allions pourtant connaître bien des obstacles. D'abord, ce n'était pas facile pour Stéphane, quand on se baladait, d'être arrêté par ceux qui m'avaient suivie dans *Secret Story*. Heureusement, il le vivait plutôt bien. De mon côté, ce qui m'ennuyait, c'est qu'en plus de son travail d'agent immobilier indépendant, il bossait la nuit et les week-ends en boîte de nuit sur toute la Côte d'Azur. Nous ne vivions donc pas au même rythme, et à moins de le rejoindre dans les clubs où il travaillait, je passais tous mes week-ends seule, à l'attendre. Parfois, il finissait à 7 h du matin, puis il partait en *after* avec ses collègues jusqu'à 9 h 30.

En plus, j'avais peur qu'il rencontre quelqu'un d'autre et qu'il me quitte – évidemment, derrière cette peur, se cachait un manque de confiance en moi. Du coup, je lui envoyais pas mal de textos, je lui posais des questions et, bien sûr, je devenais « chiante ». Mais c'était plus fort que moi. J'étais tellement angoissée que j'en avais mal au ventre !

Au bout de dix mois, j'ai senti une certaine distance s'installer entre nous… jusqu'au jour où il m'a quittée parce qu'il n'en pouvait plus. Évidemment, j'ai tout essayé pour le récupérer. Sans succès. Pendant un mois, j'ai souffert et j'ai traversé la dépression habituelle post-séparation. Et puis j'ai pensé : « Allez, des mecs il y en a des milliards, tu ne vas pas pleurer. Ressaisis-toi ! » J'ai décidé de reprendre ma vie en main, de me remettre à sortir et, surtout, d'arrêter de lui écrire. Je postais des photos sur Instagram où j'étais belle, où je souriais, où je vivais ma vie de femme heureuse. Puis, à l'accueil de l'agence immobilière où je travaillais, j'ai rencontré un beau pompier avec qui je suis sortie quatre ou cinq mois. J'avais vu sa profession sur sa fiche d'agence et, du coup, je faisais des blagues à voix haute pour qu'il me remarque, du style : « Je ne me sens pas bien. Je vais faire un malaise, vite il faut que j'appelle les pompiers ! » Stéphane l'a appris et ça l'a tout de suite fait réagir. Il m'a envoyé un message qui disait : « Tu m'as vite remplacé ! »

J'ai recroisé Stéphane dans une soirée et, quand on s'est fait la bise, j'ai tout de suite su que mes sentiments étaient toujours présents, mais je n'en ai rien laissé paraître. De son côté, il prenait régulièrement de mes nouvelles, mais je répondais à ses textos de manière sobre. Au bout d'un moment, j'en ai eu marre. Je l'ai mis au pied du mur : « Soit tu arrêtes de m'écrire – car je sentais dans ses messages qu'il y avait une arrière-pensée –, soit tu me dis "je t'aime" et on retente quelque chose. »

Dans le même temps, je me suis séparée du pompier… et là, silence radio de Steph. Vraiment, il ne savait pas ce qu'il voulait. Je me suis alors promis que jamais je ne le reprendrais. J'ai enchaîné une autre relation, ce que Stéphane n'a pas manqué de me faire remarquer en m'écrivant encore une fois. Alors, une chose dingue s'est produite, sans laquelle nous ne nous serions peut-être jamais remis ensemble. Le garçon avec lequel je sortais avait pour projet de partir vivre au Canada. Pour pouvoir le faire et y travailler, les volontaires à l'émigration devaient bénéficier d'une autorisation spéciale d'un an, qui faisait l'objet d'un tirage au sort. Il m'a proposé de partir avec lui et m'a suggéré de m'inscrire aussi, pour avoir deux chances au lieu d'une. En effet, à condition d'être pacsée, la personne qui était tirée au sort pouvait emmener son compagnon ou sa compagne. Et l'incroyable s'est produit : c'est moi qui ai été tirée au sort ! Quelques jours plus tard, j'ai informé Stéphane que j'allais sans doute partir au Canada et, enfin, il s'est mis à nu dans un message que je n'oublierai jamais : « Je t'aime, je ne veux pas que tu partes. »

Malgré tout, j'ai décidé que j'allais le faire un peu galérer, et je ne lui ai pas répondu tout de suite. J'ai profité d'un beau voyage en Thaïlande, avec ma mère et mon frère, pour me poser et réfléchir. C'était totalement dépaysant. Nous étions dans le Nord du pays, loin des grandes villes, dans des contrées où vivaient encore des tribus comme celle des femmes au long cou.

Parfait pour prendre du recul. J'ai alors réalisé qu'il me manquait et que je l'aimais vraiment, d'autant plus qu'il prenait régulièrement de mes nouvelles et qu'il s'intéressait à mon voyage. Quand je lui parlais, je me sentais écoutée, ce qui n'était pas le cas avec le mec en compagnie duquel j'étais censée partir au Canada. Quand je suis rentrée, mon choix était fait… mais je lui ai quand même posé un ultimatum : soit il arrêtait le monde de la nuit, soit on ne se remettait pas ensemble. Finalement, on a trouvé un compromis parce que ses revenus d'agent immobilier ne lui permettaient pas, à ce moment-là, de joindre les deux bouts. Il continuerait à travailler le soir, mais uniquement au bar, et seulement jusqu'à 1 h. J'ai encore réfléchi quelques jours, mais tout était clair : notre amour était une évidence. On a donc repris notre relation, et nous avons décidé d'habiter ensemble directement. Je suis tombée enceinte au bout de quelques mois… et Louise est née en 2017 !

UNE *petite vie* EN MOI

Quand Stéphane et moi avons pris la décision d'avoir un enfant, je prenais la pilule. J'étais jeune et, en l'arrêtant, je pensais tomber enceinte très rapidement, d'autant que mon gynécologue m'avait prévenue qu'à partir de vingt-quatre heures sans contraceptif, tout était possible. Pourtant, au bout de deux mois, toujours rien. Le troisième mois, j'ai alors décidé d'arrêter d'y penser parce que je commençais à devenir dingue… et, contre toute attente, c'est à la fin de ce fameux mois que ma grossesse a débuté. Quand j'ai lu le test positif et vu les deux barres s'afficher, j'étais sous le choc, hallucinée. Je portais une petite vie en moi. J'en ai vraiment pris conscience après avoir fait la prise de sang de confirmation. Je me souviens encore de la manière dont je l'ai annoncé à Stéphane. J'ai acheté une petite paire de chaussons que j'ai enveloppée dans un sac Zara. Quand il est rentré, je lui ai tendu le sac en lui faisant croire que c'était un cadeau pour lui. Quand il a ouvert le paquet et qu'il a découvert les chaussons, il a eu un moment d'arrêt, puis il m'a regardée et a crié « non !!!??? » choqué, surpris mais heureux ! Au début de cette première grossesse, toujours marquée par l'épisode de mon kyste et le fait que je n'avais plus qu'un seul ovaire – et donc que j'aurais plus de mal à être enceinte –, j'avais très peur de perdre le fœtus et de faire une fausse couche. J'ai donc décidé d'arrêter le sport et j'ai commencé à faire attention à tout. Par exemple, quand je conduisais, je prenais les dos-d'âne le plus lentement possible pour éviter les chocs.

Le premier trimestre, j'ai eu pas mal de nausées. Paradoxalement, cela me rassurait, car c'était une preuve que l'embryon était toujours là. Au deuxième semestre, pendant que je prenais du poids et que je faisais l'expérience des douleurs sciatiques et autres désagréments de la grossesse, j'ai enfin appris le sexe du bébé. Quand j'ai su que c'était une fille, l'angoisse m'a gagnée. J'aurais voulu un garçon parce que, plus jeune, ma mère s'entendait mieux avec mon frère qu'avec moi ; et j'avais peur de reproduire les relations difficiles que j'avais eues avec elle. En donnant naissance à une fille, je craignais aussi qu'elle soit plus proche de son père que de moi, et qu'elle n'ait pas plus de considération à mon égard qu'envers une mère porteuse. Évidemment, cela était complètement irrationnel et n'avait aucun sens. Quand j'ai fait part de mes craintes à Stéphane, il s'est agacé et il avait raison. Il m'a dit que je gâchais le moment très particulier de cette grossesse et la joie qu'elle nous procurait. J'en ai aussi discuté avec mes proches et c'est mon père qui m'a le plus réconfortée. Il m'a redonné confiance, m'a rassurée en me disant : « C'est toi qui vas lui apprendre l'amour, c'est toi qui vas la chérir, rien ne va se reproduire, elle t'aimera autant qu'elle aimera son père. »

À partir de ce moment-là, j'ai réussi à prendre de la distance et à voir le positif. J'ai peu à peu gagné une certitude : j'allais réussir à créer un lien fort avec mon enfant. Et puis je ne voulais pas que, dans mon ventre, ma fille ressente de mauvaises vibrations et de la peur. Je voulais déjà qu'elle se sente pleinement attendue et aimée.

9 MOIS DE JOIES
ET… QUELQUES DÉSAGRÉMENTS !

LA GROSSESSE N'EST PAS QU'UNE PARTIE DE PLAISIR. ELLE S'ACCOMPAGNE SOUVENT DE PROBLÈMES DE PEAU, DE CIRCULATION, D'ARTICULATIONS… ET MÊME DE MAUX DONT J'IGNORAIS L'EXISTENCE. REVUE DE DÉTAILS NON EXHAUSTIVE !

VERGETURES… QUAND ÇA CRAQUE !

Quand on est enceinte, on grossit et il n'est pas rare que la peau craque au niveau du ventre, des seins et des cuisses. Il n'y a malheureusement pas grand-chose à faire pour empêcher ce phénomène. On peut néanmoins réduire l'apparition des vergetures et, surtout, favoriser leur cicatrisation, en hydratant fréquemment la peau, pendant et après la grossesse.

Pour ma part, j'avais une préférence pour les huiles Bi-Oil® dont je m'enduisais le corps trois fois par jour, quotidiennement, sans exception. Après l'accouchement de Louise, mes vergetures étaient encore très larges et violacées, mais grâce à ces soins elles sont devenues blanches et fines, presque invisibles, en quelques mois. Pour Margot, je n'en ai pas eu du tout parce que j'avais pris beaucoup moins de poids. Je me massais scrupuleusement avec de l'huile, je buvais beaucoup d'eau et je mangeais bien. Par ailleurs, j'avais aussi gardé une très belle peau, de beaux cheveux, alors que chez certaines femmes, les variations hormonales provoquent de l'acné ou une perte capillaire. En revanche, j'avais des taches sur le visage dues à un coup de soleil pris lors d'un voyage au Mexique, et accentuées par la grossesse.

PLEIN LE DOS ?

Les douleurs sciatiques (en bas du dos) peuvent être plus ou moins intenses selon le poids que l'on a pris, ou selon les mouvements du bébé, mais aucune femme n'y échappe ! Pour les soulager, je faisais une fois par mois des séances d'acupuncture avec ma sage-femme formée à cette médecine traditionnelle. Elle piquait sur la hanche, sur le genou et sur d'autres points du corps qui avaient un impact sur le bas du dos. (Ce n'est pas du tout douloureux, les aiguilles provoquent juste un léger picotement). Le résultat était magique et cela m'a sauvée plusieurs fois, à des moments où je souffrais tant que j'avais du mal à marcher.

JAMBES LOURDES ? JAMBES EN L'AIR !

Lors d'une grossesse, la circulation sanguine est moins fluide en raison de la compression veineuse qu'occasionne le poids du bébé, mais aussi à cause des changements hormonaux et de la rétention d'eau. Pour me soulager, je passais sur mes jambes le robot masseur de la marque cellublue, normalement destiné à la cellulite. Et la nuit, je dormais avec un coussin sous les jambes : l'effet bénéfique était immédiat sur mes chevilles et sur mes pieds enflés.

9 MOIS DE JOIES ET… QUELQUES DÉSAGRÉMENTS !

CONTRE LES NAUSÉES : COCA ET SPARADRAP

J'ai eu des nausées assez importantes durant mes trois grossesses. J'ai à peu près tout essayé : les tisanes au gingembre, le citron ou encore la menthe… en vain ou presque ! Ce qui fonctionnait le mieux pour moi était de manger un morceau de pain et, plus efficace encore, de boire un Coca.

Il existe aussi un remède de grand-mère parfois utilisé contre le mal des transports : mettre un sparadrap sur le nombril. Malheureusement, je ne l'ai pas essayé, car je n'en ai eu connaissance qu'après mes grossesses. Effet placebo ? Peut-être ! En tous les cas, je l'ai testé par la suite quand nous sommes partis en bateau en Corse et je n'ai pas été malade, alors que je suis normalement sujette au mal de mer. Même chose pendant un parcours en kayak lors du défi « Femina Adventure » en Guadeloupe, fin 2022. Là encore, ni ma coéquipière ni moi n'avons ressenti le moindre début de malaise.

Notez-le et testez-le, il est possible que cette astuce fonctionne aussi sur les nausées de grossesse !

LES HÉMORROÏDES ? JAMAIS ENTENDU PARLER !

Voilà un des symptômes dont on ne m'avait absolument jamais parlé ! Avant d'être enceinte de Louise, je ne savais même pas que ça existait. Ni le corps médical, ni mon entourage, ni les influenceuses « maternité » n'en parlaient, comme si cette partie du corps était taboue, alors que c'est une affection très courante.

De mon côté, je n'ai pas hésité à vous le raconter sur les réseaux et j'ai eu beaucoup de réactions positives, car j'étais alors la seule à aborder ce thème peu glamour. Les hémorroïdes sont des vaisseaux sanguins dilatés au niveau de l'anus et de la partie inférieure du rectum.

Ces gonflements sont dus à la pression qu'exerce le poids du bébé sur les intestins et sur le système veineux. Cela peut être extrêmement douloureux. Pour les éviter, ne restez pas aux toilettes trop longtemps et ne poussez pas trop fort, parce que cela contribue à faire sortir les veines. Parfois, on a ce réflexe car, lorsqu'on est enceinte, on est souvent constipée. Il ne faut pas non plus se forcer à aller aux toilettes.

Attendez d'avoir vraiment envie de faire vos besoins, faites-les et ne vous attardez pas. Évitez aussi de rester trop longtemps debout, buvez beaucoup d'eau et, surtout, n'hésitez pas à en parler à votre sage-femme, à votre médecin ou à votre pharmacien, car il existe des crèmes et des suppositoires qui soulagent énormément.

LE SYNDROME DU CANAL CARPIEN

Autre désagrément avec lequel j'ai fait connaissance : le syndrome du canal carpien, qui provoque des douleurs quand on plie les doigts et les mains. Il se manifeste par des fourmillements, des troubles de la sensibilité et une diminution de la force. Il est dû à la compression du nerf au niveau du poignet. Il est favorisé par une alimentation trop grasse, trop sucrée ou trop salée ; et survient souvent chez celles qui ont une ossature fine des poignets et des mains. J'en souffrais d'autant plus que j'ai fait énormément de rétention d'eau, surtout pendant ma première grossesse. Bien s'hydrater et manger équilibré permet de l'atténuer.

Je dois ici vous faire une confidence : comme je suis blagueuse, j'ai fait croire à Stéphane, quelques semaines avant mon terme, que j'étais en train de perdre les eaux pour lui faire un poisson d'avril. J'ai profité qu'il soit allé sortir le chien pour me renverser une bouteille d'eau sur les cuisses. Quand il est revenu, j'ai crié : « Vite, vite, il faut aller à l'hôpital ! » C'était trop drôle de le voir s'affairer, aller chercher ma valise et prendre son rôle de futur père à cœur. Quand je lui ai révélé la vérité, on est partis en fou rire. Ceci dit, je ne vous conseille pas de faire ce genre de blague trop souvent, votre conjoint risquerait de ne plus vous croire le jour J. Quand j'ai perdu les eaux, ce fameux jour J, l'accouchement c'était vraiment l'inconnu pour moi. J'avais choisi la péridurale et je n'ai pas vraiment souffert. Comme elle avait été bien réalisée et bien dosée, j'ai quand même senti le passage de Louise par voie basse. Et quand, enfin, elle est sortie, que le cordon a été coupé et que la sage-femme l'a posée dans mes bras, j'ai ressenti pour la première fois ce bonheur intense, cet amour surdimensionné, cette plénitude. Tout aurait pu s'écrouler autour de moi, il n'y avait que cette joie pure. Stéphane était aussi très ému.

RELAX !

ACCOUCHEMENT EN VUE :
VIVEMENT QU'IL SORTE ?

QUAND ON APPROCHE DU TERME ET QUE LE COL DE L'UTÉRUS A DU MAL À S'OUVRIR, JE CONSEILLE VRAIMENT LE BALLON D'ACCOUCHEMENT. IL AIDE À FAIRE DES MOUVEMENTS DE BASSIN DE FAÇON CONFORTABLE ET DANS UNE BONNE POSITION. CELA SOULAGE ÉNORMÉMENT.

Cependant, d'un point de vue personnel, je trouve dommage d'accélérer le processus, par exemple en montant et en descendant les escaliers, en lavant les vitres ou encore en faisant de longues marches. C'est ce que j'avais fait lors de ma première grossesse. Oui, moi aussi j'ai nettoyé la maison jusqu'à être fracassée, parce qu'il arrive un moment où l'on en a marre et où l'on a hâte de rencontrer son bébé. Je me souviens aussi d'une longue randonnée que j'avais faite dans les derniers jours. J'étais rentrée chez moi éreintée. J'avais même dit à Stéphane : « Si j'avais dû accoucher ce soir j'aurais été épuisée. » On l'oublie, mais il faut garder des forces pour ce moment, car c'est une vraie épreuve physique.

Pour ma deuxième et ma troisième grossesse, j'ai enfin écouté les conseils de celles et ceux qui me disaient de profiter de cette période et, avec le recul, je pense maintenant que c'est bébé qui décide de venir quand il est prêt. Laissez faire les choses. Savourez ce temps où vous ne faites qu'un avec votre enfant et où vous êtes encore seule, parce qu'ensuite c'est la vie à cent à l'heure !

Quand je nous regardais tous les trois, je me disais : « Ça y est, on est une famille. » J'avais décidé d'allaiter Louise pendant ma grossesse, mais je ne m'étais pas du tout documentée sur la maternité et sur les nourrissons. Pendant les cours d'accouchement, on nous avait bien expliqué quelques principes de base sur l'alimentation des nouveau-nés ou sur la manière de les porter, mais pas grand-chose de plus. Je pensais que j'apprendrais au fur et à mesure, sur le tas, et je voulais le découvrir par moi-même. Par la suite, je l'ai un peu regretté. J'aurais dû davantage m'informer, en particulier sur l'allaitement. Je voulais donner le sein à Louise, non seulement pour les anticorps que cela apporte à un bébé, mais aussi pour la proximité, pour le lien fort que cela crée entre la mère et l'enfant. Étant donné mes nombreuses craintes au départ, j'avais besoin de me sentir particulièrement proche de ma fille, et j'étais sûre qu'il n'y avait rien de mieux que l'allaitement pour nous unir. Je ne m'étais pas renseignée parce que pour moi, l'allaitement était inné, naturel. Je pensais que si des petits problèmes se présentaient, ils se résoudraient facilement.

Quand la sage-femme a posé Louise sur moi et qu'elle m'a proposé la tétée de bienvenue, j'ai eu d'emblée des difficultés à faire prendre le sein à ma fille, car mon mamelon était plat et qu'il fallait le pincer pour parvenir à le lui mettre en bouche. Et dès la première vraie tétée, j'ai eu des brûlures au bout de seulement une heure ! J'ai changé de sein… mais c'était pareil ! Pourtant, dans l'hôpital où j'ai accouché, les équipes étaient très axées sur l'allaitement.

J'ai reçu beaucoup de conseils, mais ça restait difficile. Quarante-huit heures après sa naissance, Louise a fait ce que l'on appelle « la nuit de Java », ce moment où le nouveau-né est très agité et pleure beaucoup, comme s'il prenait soudainement conscience qu'il était jeté hors du ventre sécurisant de sa mère. Et là, impossible d'allaiter Louise pour l'apaiser, c'était affreux ! Je me sentais impuissante et d'autant plus paniquée que mes hormones étaient en vrac. La sage-femme qui était de garde cette nuit-là était moins orientée « allaitement » que les autres, et elle m'a dit que si vraiment je n'y arrivais pas, il n'y avait aucun mal à donner un biberon. J'ai fini par craquer parce que Louise était morte de faim ! Dès que je lui ai donné ce fameux biberon, elle s'est aussitôt calmée. Le principal, c'était bien sûr qu'elle mange. Mais voilà comment j'ai raté mon premier allaitement. Une fois à la maison, je l'ai très mal vécu. J'étais effondrée. Je pleurais tout le temps et je n'arrivais pas à voir le positif. Même si je tirais mon lait et que Louise profitait des bienfaits du lait maternel, je le vivais comme un échec, car je craignais de ne pas avoir cette relation exclusive que je souhaitais tant. Pour compenser un peu, j'ai décidé que seuls Stéphane et moi pouvions lui donner le biberon. Personne d'autre. Avec le temps et l'amour que Louise me faisait ressentir, la situation par rapport à l'alimentation s'est naturellement apaisée.

TABOO ?

GROSSESSE ET LIBIDO : TOUT SEX'PLIQUE !

VOILÀ UN AUTRE SUJET DONT ON N'OSE PAS TOUJOURS PARLER : LE SEXE EN ÉTANT ENCEINTE.

En général, en début de grossesse je n'ai aucune libido, au deuxième trimestre l'envie revient assez souvent, et au troisième trimestre le désir est à nouveau en berne, parce que les douleurs au dos ou aux cuisses deviennent plus vives. Non seulement on ne pense pas à avoir des rapports, mais plus les semaines passent, plus il est difficile de trouver une position qui soit confortable. Il s'agit simplement de mon expérience car, en réalité, l'évolution de la libido, son augmentation ou sa disparition, dépend de chaque femme. Il faut évidemment s'écouter et écouter son corps, dialoguer avec son partenaire et, si l'on a des questions, ne pas hésiter à en parler à son médecin. Stéphane était très compréhensif sur le sujet. Il s'est adapté à mes besoins et à mes envies, même si au deuxième trimestre, moment du pic de la libido chez moi, il n'était pas toujours présent. Dans tous les cas, évitez de vous mettre la pression.

Même chose après l'accouchement : le moment de la reprise des relations sexuelles est variable d'une femme à l'autre. N'oubliez pas que le corps a besoin de temps pour se remettre – surtout après une épisiotomie ou une césarienne –, et que l'utérus et le vagin doivent reprendre leur place et retrouver leur taille normale. Sans parler des écoulements sanguins du retour de couches qui peuvent parfois durer un mois ; et des hormones qui jouent également un rôle non négligeable.

En ce qui me concerne j'ai dû attendre au moins deux ou trois mois avant de reprendre une vie sexuelle normale. Stéphane a été patient, mais cela peut paraître long pour certains hommes. J'ai même entendu des histoires affreuses de femmes enceintes trompées pendant leur grossesse ou d'hommes qui mettaient une pression dingue à leur compagne, les forçant à avoir des rapports, ou leur sautant dessus dès le lendemain de l'accouchement.

Je rappelle aux hommes qu'il y a des limites à respecter, et aux femmes que l'on n'a pas à s'excuser de ne pas avoir envie de faire l'amour, d'autant que l'absence de désir peut se prolonger si on allaite. Dans ce cas, les hormones sont à plat et on peut même souffrir de sécheresse vaginale. Là encore, parlez-en à votre médecin. Et quand vous sentez que votre libido revient, prenez votre temps, commencez par des câlins pour vous rapprocher de votre partenaire et n'hésitez pas à utiliser du lubrifiant si la sécheresse persiste.

Lorsque tout sera rentré dans l'ordre, n'oubliez pas non plus votre compagnon : quand un enfant en bas âge est sans cesse collé à vous, il arrive que le père se sente un peu exclu. C'est difficile, parce qu'un tout petit est souvent l'objet de toute notre attention et on ne pense plus ni au couple ni à notre vie sexuelle. Discutez-en.

DANS MA VALISE POUR LA MATERNITÉ, IL Y A…

LES LISTES FOURNIES PAR LES CLINIQUES OU LES HÔPITAUX SONT SOUVENT BEAUCOUP TROP LONGUES ALORS QU'ON Y RESTE SEULEMENT TROIS OU QUATRE JOURS.

Avant l'accouchement de Louise, on m'avait conseillé d'apporter quelque chose comme six bodies, six pyjamas, quatre serviettes de bain, six bavoirs, quatre paires de chaussettes… Et me concernant, c'était tout aussi chargé : plusieurs chemises de nuit, serviettes, etc. Ceci peut s'avérer utile s'il y a un problème nous obligeant à rester plus longtemps hospitalisée, et si on ne peut pas recevoir la visite de proches susceptibles de nous apporter ce qui pourrait manquer. Mais en cas de séjour standard, c'est beaucoup trop ! Après les naissances de Louise et de Margot, j'ai considérablement allégé le paquetage afin de tout faire tenir dans une seule petite valise.

VOICI CE QUE JE PRÉCONISE POUR LE JOUR J :

POUR BÉBÉ

- Un thermomètre.
- Des bavoirs.
- Une brassière en laine.
- Six bodies de taille 1 mois.
- Six pyjamas de taille 1 mois.
- Une serviette de bain (et pas quatre !).
- Une gigoteuse.
- Trois paires de chaussettes.
- Un paquet de couches (la maternité en fournit mais je préfère prendre les miennes).
- Des cotons.
- Un bonnet.
- Une petite couverture qui remplace le nid d'ange demandé et qui coûte moins cher.

Je n'ai pas pris d'eau de change (je changeais Louise juste avec de l'eau du robinet, conseil des sages-femmes).

POUR MAMAN

- Une serviette de bain.
- Deux pyjamas (plus confortables et plus « habillés » qu'une chemise de nuit quand on a de la visite).
- Un paquet de culottes antifuites urinaires (beaucoup plus efficaces et pratiques que la culotte en filet et les serviettes hygiéniques en cas de saignements abondants post-accouchement).
- Un soutien-gorge d'allaitement.
- Un tube de lanoline.
- Un gel lavant spécial « parties intimes ».
- Un savon (au lait de chèvre pour ma part) et une lotion tonique pour se sentir bien fraîche.
- Un sérum anti-vergetures.
- Une huile ou crème hydratante pour le corps.
- Un anticernes (pas le temps de se maquiller, mais quand le photographe vient, on a toute de suite meilleure mine).
- Un coussin d'allaitement.
- Une paire de tongs pour aller à la douche.
- Une petite veilleuse afin de pouvoir lire sans allumer la grande lampe au-dessus du lit.

Quand j'ai accouché de Margot, j'avais aussi apporté un doudou bien sale de Louise pour le sentir quand elle serait loin de moi (maman gaga qui sait que sa fille va lui manquer !).

ET POUR LES AÎNÉS (À NE PAS OUBLIER !)

Pour la naissance de Margot, j'avais prévu une boîte remplie de jeux, d'activités et de petits jouets pour occuper Louise (elle n'avait que quinze mois) quand elle viendrait nous voir à la maternité.

Je l'avais surnommée « la boîte à grande sœur » (si vous avez un fils, ça peut évidemment être « la boîte à grand frère »). C'est vraiment un truc efficace, car on peut dire à son aîné(e) que c'est un cadeau de la part de son petit frère ou de sa petite sœur, ce qui facilite aussi les présentations !

Je ne l'ai pas fait pour Margot à la naissance de Camille, car nous étions en plein confinement et les visites n'étaient pas autorisées. Louise et Margot ont donc fait la connaissance de leur petit frère à la sortie de l'hôpital, avec beaucoup de joie et de câlins ! Et pour fêter notre premier moment à cinq, nous sommes allés directement commander un repas au drive du McDo' !

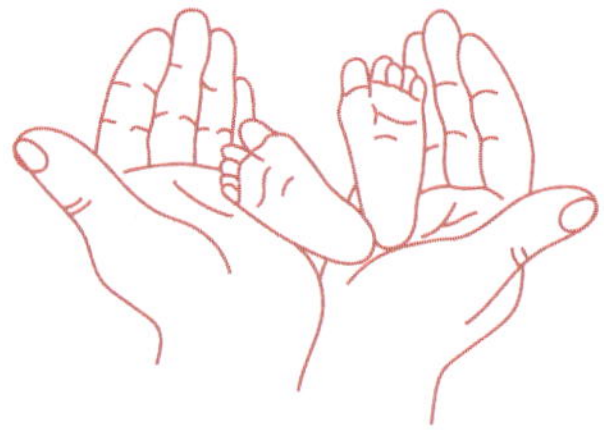

AVEC *Louise* : UN NOUVEAU-NÉ… ET TOUT À APPRENDRE !

Malgré l'échec de ma tentative d'allaitement, Louise était très fusionnelle, collée à moi presque en permanence. Au début, elle avait besoin de moi tout le temps et n'acceptait personne d'autre à part Stéphane, et encore, à petites doses. Dès qu'elle pleurait, il fallait que je la prenne dans mes bras. Sur le sujet, il y a deux écoles : celle qui préconise de laisser l'enfant pleurer pour l'habituer à se calmer seul ; et celle, au contraire, qui affirme qu'il faut répondre immédiatement à son besoin. Il me semble que la seconde méthode est sinon la meilleure, du moins la plus humaine. Quand un bébé ou un tout-petit crie ou pleure, il ressent un malaise. Soit il a faim, soit il a peur, soit il a besoin qu'on le change. Ce sont aussi parfois de simples pleurs de « décharge » qui permettent d'évacuer les émotions et qui surviennent souvent en fin de journée.

Quelle qu'en soit la raison, les pleurs engendrent de l'anxiété, et je n'avais pas envie que, bébé, Louise connaisse déjà le stress. Elle aurait bien le temps d'y faire face dans sa vie d'adulte, souvent angoissante et dure. J'ai donc décidé de répondre autant que possible à ses besoins de sérénité et de bien-être.

Avec Louise, j'ai vraiment tout appris au fur et à mesure. Une des choses qui peut surprendre les jeunes mamans au début, c'est qu'un bébé occupe vraiment tout le temps dont on dispose. Quand on est enceinte, on s'imagine souvent que l'on pourra faire des choses pendant que l'enfant dormira. Or, non seulement il ne dort pas toujours très bien, mais il ne trouve parfois le sommeil qu'en étant scotché à nous. Et quand il parvient à dormir seul, on a bien du mal à faire autre chose que se reposer un peu. Avec Louise, je ne parvenais à accomplir aucune tâche loin d'elle. Au bout de quelques semaines, j'ai adopté l'écharpe de portage afin de pouvoir au moins vider une machine, étendre le linge ou sortir le chien, tout en l'ayant avec moi. Un peu plus tard, quand j'ai enfin réussi à la poser quelques instants sans qu'elle pleure, il fallait toujours que je reste dans son champ de vision. Autant dire que je me sentais souvent débordée. Mes journées se résumaient à m'occuper de Louise et à effectuer quelques travaux ménagers. Parfois, Stéphane rentrait le soir et j'étais encore en pyjama !

À ce moment-là, j'étais en congé maternité et j'ai un peu lâché mes projets, notamment le programme sportif que j'avais commencé à concevoir quand j'étais enceinte. Entre Louise et les rendez-vous chez le pédiatre ou bien chez la sage-femme pour la rééducation du périnée, j'étais tout le temps à cent à l'heure ! Quand Louise dormait, j'essayais malgré tout d'assurer quelques placements de produits pour les marques avec lesquelles j'étais engagée et d'anticiper au maximum ce que j'avais à faire.

Heureusement, à partir du quatrième mois, elle a commencé à faire ses nuits. Même si Stéphane ou moi nous levions souvent cinq ou six fois pour lui redonner sa tétine lorsqu'elle la perdait, c'était déjà un grand pas, car elle n'avait plus besoin de prendre son biberon la nuit. Elle dormait de 22 h 30 à 6 h du matin – à ce stade, on pourrait presque se dire que ça devient facile ! Malgré la fatigue, cette vie de jeune maman me plaisait. J'étais heureuse et je commençais à trouver un rythme qui me convenait. C'est aussi la période où elle a commencé à aller chez la nounou tous les jours jusqu'à 15 h. Au début, je ne pensais pas la faire garder. Après mon congé maternité, j'avais quitté mon boulot à l'agence immobilière pour me lancer à mon compte et je pensais que les moments de sommeil de Louise suffiraient pour que je puisse mener à bien mes projets. Pendant ma grossesse, une sage-femme m'avait pourtant recommandé de prévoir une nounou, en soutenant que même si je travaillais à la maison, j'allais avoir besoin de temps pour mes activités et pour ma vie de femme.

Nous avons donc trouvé quelqu'un mais, quand Louise est née, j'ai regretté et appréhendé ce moment de séparation. Comme nous nous étions engagés auprès de l'assistante maternelle, j'ai quand même décidé de sauter le pas. Le premier jour où j'ai emmené Louise, ça m'a arraché le cœur, surtout qu'elle a pleuré pendant une heure.

MATERNITÉ ET RÉSEAUX SOCIAUX : DU GLAMOUR OU DU CASH ?

À cette époque, mon compte Instagram affichait 150 000 abonnés. Pendant ma grossesse, et après la naissance de Louise, je racontais tout ! Mes problèmes de sciatique et de canal carpien, mes excès alimentaires, les moments où j'étais bien, les moments où j'étais à bout, les échecs et les réussites... Je ne cachais rien, même pas ma tête du matin ! Je voulais aborder la grossesse et la maternité de façon totalement décomplexée. J'ai même fait une story sur les problèmes d'hémorroïdes avant et après l'accouchement. Mes abonnées aimaient ce côté brut et nature, mais aussi mon humour et mon auto-dérision. Elles me disaient : « Il n'y a que sur ton compte que l'on voit la réalité de la grossesse ! » Je donnais aussi pas mal de conseils liés à mon expérience.

En un mot, je ne faisais pas que de « l'instagramable » par rapport à d'autres filles qui rendaient leur grossesse ou leur vie de mère très glamour. J'étais aussi honnête sur les produits que j'utilisais. Cela a largement contribué à fidéliser mes abonnées. Bien sûr, et même si j'avais une communauté très sympa, il y avait toujours ces mères supposément parfaites qui venaient me faire la leçon sur tout et n'importe quoi, ou celles qui étaient jalouses parce que j'arrivais à tout mener de front.

J'ai vite relativisé quand j'ai compris que certaines d'entre elles vivaient des situations difficiles, sans travail et parfois sans conjoint, et que les réseaux leur servaient de défouloir.

Et ça ne s'est pas amélioré par la suite. Avec cette première nounou, en réalité, ça ne se passait pas très bien. Quand je récupérais ma fille, elle n'arrêtait pas de me dire que Louise voulait trop les bras, que je l'habituais mal, qu'elle ne s'approchait pas des autres enfants, etc. Bref, le contact n'était pas très bon. J'ai donc rompu le contrat. J'avais quand même eu l'occasion de constater à quel point le temps libéré m'était précieux ; par exemple pour faire le ménage, pour assurer mes rendez-vous et mes engagements, ou pour aller à la banque ou à la poste. Ces moments étaient entièrement pour moi. Sur les conseils d'une amie, j'ai trouvé une autre nounou, et cette fois le feeling est très bien passé. Louise était totalement différente et épanouie quand j'allais la chercher. Cécile – qui est toujours notre nounou aujourd'hui – m'envoyait régulièrement des photos de Louise pendant les repas, la sieste, les jeux et elle répondait à tous ses besoins. Ma fille s'y plaisait tellement que parfois, elle ne me calculait même plus quand j'allais la récupérer !

La savoir en sécurité et heureuse m'a permis de redoubler d'énergie dans mes activités et de lancer vraiment mon programme sportif. Pendant ma grossesse, j'avais pris vingt-huit kilos ! Je m'étais lâchée complètement. Je pouvais, par exemple, avaler deux paquets de gâteaux l'après-midi, grignoter pas mal au moment de l'apéro et même me lever pour manger la nuit. Je me disais : « Je suis enceinte, j'ai le droit ! » Stéphane, qui me suivait dans ce rythme, avait lui aussi grossi, faisant ce que l'on appelle « une couvade ».

Même si j'ai recommencé à manger correctement dès mon accouchement, j'ai dû attendre que ma rééducation du périnée soit terminée pour reprendre le sport. J'ai donc lancé mon programme sportif en me prenant comme cobaye et comme produit d'appel. Même si j'avais perdu un peu de poids, mon ventre était tout mou et flasque, j'avais des cuisses énormes et le visage gonflé. Je ne pouvais plus supporter d'être comme ça. J'avais besoin de retrouver la femme que j'étais avant, pour mon couple, pour mes enfants. Je ne voulais pas m'oublier et oublier mon corps derrière mon rôle de mère. Cela m'a donné une grande motivation intérieure.

Et puis, comme je menais une vie très active à m'occuper de Louise et de mes projets, je n'avais plus le temps de m'empiffrer. Grâce à une bonne alimentation et au sport, j'ai retrouvé ma silhouette en six mois. À ce moment-là, tout était au top ! Louise dormait bien, je me sentais à l'aise dans mon corps, je réussissais mes engagements professionnels avec les marques, mon programme était lancé, c'était l'amour avec Stéphane. Toutes les planètes étaient alignées.

AVEC *Margot* : OUF, J'ARRIVE ENFIN À ALLAITER !

Six mois après la naissance de Louise, tout roulait tellement bien, on se sentait si épanouis en famille que Stéphane et moi avons commencé à envisager d'avoir un autre enfant très rapidement. Néanmoins, avec notre rythme fou de jeunes parents, on avait moins de rapports sexuels et on pensait qu'il faudrait patienter un peu avant que je ne sois de nouveau enceinte. C'est pourtant arrivé tout de suite. Je me souviens encore du jour où j'ai eu le résultat de ma prise de sang, alors que j'allais chercher Louise en voiture chez la nounou. J'ai vu le mail du labo arriver sur mon téléphone et, aussitôt, je me suis arrêtée avec les *warning* au bord de la route pour regarder le résultat. Quelle excitation, quel bonheur ! J'étais si impatiente que Stéphane rentre pour lui annoncer la nouvelle. Une fois à la maison, j'ai cherché un moyen original et amusant de le lui annoncer. J'ai pris un body de Louise et, avec un feutre noir, j'ai écrit dessus : « Je vais être grande sœur ». Quand Stéphane est arrivé, j'avais mis les petits plats dans les grands, en femme parfaite façon Bree Van de Kamp

enjoy
today

dans *Desperate Housewifes* ! Avant le dîner, je lui donne le body, il le lit mais il ne percute pas tout de suite. Et quand, enfin, il comprend, son visage s'illumine ! Il est aussi surpris et heureux que moi. Ce soir-là, on a discuté presque toute la nuit.

Non seulement on était certains qu'on parviendrait à gérer l'arrivée de ce deuxième enfant, mais on a pris une décision : garder le sexe du bébé secret jusqu'à la naissance. D'une part, cela allait rajouter du suspense jusqu'au bout et, d'autre part, quand je voyais le lien mère-fille que j'avais créé avec Louise, cela ne m'était devenu complètement égal d'avoir un garçon ou une fille !

Cette seconde grossesse s'est déroulée de manière plus sereine que celle de Louise. Je ne n'avais, par exemple, plus peur de perdre ce bébé et j'ai même continué à faire du sport. J'ai aussi beaucoup moins mangé, parce qu'entre Louise et mes projets, j'étais moins centrée sur moi-même. Même les nausées ou les problèmes de dos m'ont semblé moins pénibles. Pour cette deuxième naissance, je m'étais lancé un défi de taille : je voulais absolument réussir à allaiter. J'ai commencé à suivre quelques comptes Instagram de mamans pour trouver des conseils. L'une d'entre elles recommandait un livre visiblement indispensable : le *Manuel très illustré de l'allaitement* de Caroline Guillot (Fi ! Éditions). Je me le suis aussitôt procuré. Ce livre aborde simplement, au travers de nombreuses fiches pratiques, toutes les difficultés qu'une jeune mère peut rencontrer : les crevasses, les mastites, les mycoses du sein, l'engorgement…

Je l'ai souvent feuilleté avant et après mon accouchement pour faire face à tous les obstacles, et aujourd'hui encore je le conseille à toutes celles qui veulent allaiter.

Le jour de l'accouchement, contrairement au premier, rien ne s'est passé comme prévu. Déjà, Louise était malade et la nounou ne pouvait pas la prendre. J'ai dû demander à une cousine de la garder. J'ai appelé Stéphane pour lui dire que c'était le moment de me rejoindre à la maternité. Une fois là-bas, on m'a piquée à trois reprises pour la péridurale qui n'a pas aussi bien marché que la première fois. Les douleurs étaient atroces. Les contractions étaient de plus en plus fortes, d'autant plus que je me retenais pour attendre Stéphane qui tardait à arriver.

SPORT ET GROSSESSE : QUESTION DE MESURE

Ma meilleure grossesse a été celle de Margot. En effet, le fait de bien manger, de faire du sport et de ne pas prendre trop de poids a atténué tous mes maux. Moins de douleurs au dos, moins de problèmes de circulation. Grâce à l'entretien d'un bon tonus musculaire et à une alimentation saine, je peux vous garantir qu'on est beaucoup plus en forme et beaucoup plus dynamique. Évidemment, si on conserve une pratique sportive régulière, la prudence est tout de même de mise. Par exemple, lors de mes séances quotidiennes de quarante minutes en salle, je ne faisais pas de sauts et je ne portais pas de charges, mais je pouvais faire tout le reste, squats ou cardio sur un tapis de course compris !

Pour une raison que j'ignore, j'avais une douleur insupportable dans la cuisse. Je criais, je disais même des gros mots, c'est dire si j'étais à bout. Heureusement, la porte s'est ouverte et Stéphane est enfin apparu. Je lui ai demandé de me masser la jambe. Là, je me suis enfin détendue, j'ai perdu les eaux et le bébé est sorti en cinq minutes, encore enveloppé dans sa poche. C'était une fille : notre petite Margot ! Cette fois, j'étais archiprête pour l'allaitement. Je connaissais mes faiblesses – mes tétons plats – et, grâce aux conseils que j'avais trouvés sur Instagram et dans le *Manuel très illustré d'allaitement,* j'étais prête à affronter tous les problèmes. Je m'étais ainsi constitué un kit spécial contenant, par exemple, des seringues coupées à la base. C'est une astuce que j'avais trouvée sur Internet pour favoriser la mise du bébé au sein : en pressant la seringue coupée sur le téton, cela crée un appel d'air et le fait ressortir. J'avais aussi prévu des pompes et des embouts pour aspirer le lait et aider Margot à téter. Tout de suite après l'accouchement, j'ai réussi seule à la mettre au sein. C'était une joie immense, moi qui avais été privée de ce bonheur avec Louise ! Malheureusement, j'ai eu très vite d'énormes crevasses sur un sein, puis sur l'autre… Mais je voulais réussir, alors j'ai serré les dents ! À mon retour à la maison, le problème s'est aggravé, je n'avais plus de tétons mais deux plaies à vif.

Quand la sage-femme qui me suivait a vu l'état de mes seins, elle m'a même avoué qu'elle avait mal pour moi. Elle m'a suggéré d'alterner avec le biberon pour me soulager, mais je l'avais vécu comme un tel échec avec Louise qu'il en était hors de question.

En me voyant aussi déterminée, la sage-femme a même dit à Stéphane : « Votre femme est toujours comme ça, bornée et têtue ? » Alors que je cherchais une autre solution que les crèmes pour faire cicatriser mes seins, j'ai entendu parler de la méthode Indiba. J'ai constaté une amélioration dès la première séance ! En attendant de guérir complètement, j'utilisais des bouts de seins pour ne pas rouvrir les plaies…

En deux mois et demi, j'ai réussi à venir à bout de ces crevasses. Pourtant, Margot avait malgré tout du mal à prendre le sein. Une puéricultrice a alors émis l'idée qu'elle avait peut-être un souci de frein sous la langue l'empêchant de bien téter. (Il faut savoir que tous les pédiatres ne sont pas formés pour détecter et traiter ce souci.)

COMMENT LA MÉTHODE INDIBA A SAUVÉ MON ALLAITEMENT !

Il s'agit d'une technique employée par les kinésithérapeutes ou par les sages-femmes. Une machine délivre un courant électrique qui augmente les échanges ioniques au niveau cellulaire, permettant ainsi la réparation des tissus et donc la cicatrisation. Les sportifs y ont souvent recours, par exemple, pour soigner leurs blessures musculaires ou articulaires, mais on l'utilise aussi pour les césariennes, les épisiotomies et les crevasses mammaires. Une séance dure environ quinze minutes et coûte vingt euros. Ce n'est absolument pas douloureux. Les effets sont immédiats et se poursuivent sur vingt-quatre à quarante-huit heures.

Nous avons consulté un spécialiste à Aix-en-Provence qui a confirmé ce diagnostic : Margot avait bien un frein large et épais qui gênait le mouvement de la langue pendant la succion. En un coup de scalpel, le médecin a délié le frein. Et là, miracle ! Margot a tout de suite mieux pris mon sein en bouche et elle tétait de manière plus efficace et plus ample. C'est ainsi que j'ai pu l'allaiter jusqu'à ses vingt-huit mois, jusqu'à ce que je sois enceinte de son frère Camille.

Margot s'est sevrée quasiment d'elle-même, parce que pendant la grossesse le lait change et n'a plus le même goût. De plus, quand mon fils est né, je ne me voyais pas allaiter deux enfants en même temps, même si c'est faisable. Rappelons que l'Organisation mondiale de la santé (OMS) recommande l'allaitement exclusif jusqu'à six mois, sa poursuite jusqu'à l'âge de deux ans, et au-delà selon les souhaits de la mère. Chacune d'entre nous doit donc se sentir totalement libre à ce sujet, quelles que soient les remarques que l'on peut subir, du type « Ah, mais ton enfant est grand, tu l'allaites encore ? »

À CHACUNE SON ALLAITEMENT

BIBERON OU SEIN : ATTENTION AU RISQUE DE CONFUSION !

Il est préférable de ne donner que le sein si l'on pense allaiter sur le long terme. Prendre le sein demande au bébé un effort intense, en sollicitant plusieurs muscles de la mâchoire pour faire sortir le lait, à l'inverse du biberon dont le liquide s'écoule quasiment tout seul. Donc, si l'on alterne les deux, certains bébés ne seront plus capables de refaire l'effort de prendre le sein. Même la sucette peut perturber un allaitement. À part Louise, mes enfants n'ont jamais pris le biberon. Ils sont passés directement du sein au verre à bec.

QUAND ON A TROP DE LAIT, ÊTRE SOLIDAIRE

Dès les premières semaines d'allaitement j'ai eu du surplus et, même si je tirais mon lait, j'avais des stocks considérables qui risquaient de ne servir à rien. C'est sur Instagram que j'ai entendu parler du don de lait. J'ai donc contacté un lactarium, sorte de banque qui collecte et qui conserve le lait humain. Après avoir rempli un dossier et effectué une prise de sang, je suis devenue donneuse. En tout, j'ai dû leur fournir neuf litres de lait et, ainsi, j'ai pu aider des bébés prématurés. Pour eux le lait maternel est crucial, car il favorise leur développement et leur permet de lutter contre les infections en boostant leur système immunitaire.

ALLAITER AVEC DES PROTHÈSES MAMMAIRES

J'ai mes prothèses depuis 2013. (Je n'ai rien contre la chirurgie esthétique, à partir du moment où le résultat reste naturel.) J'ai fait ce choix, car j'avais une toute petite poitrine alors que ma silhouette est plutôt carrée au niveau des épaules et du buste. Mais je suis restée raisonnable, j'ai juste augmenté ma poitrine de deux bonnets (B à D). Si vos prothèses ont été posées sous le muscle pectoral, ce qui est mon cas, vous pouvez allaiter sans problème, car cette technique ne risque pas de boucher les canaux qui acheminent le lait.

Quel que soit le type de prothèses, l'essentiel est qu'elles ne coupent pas la glande mammaire. Quand elles sont trop grosses, elles peuvent aussi la comprimer. Aujourd'hui, je vous recommanderais néanmoins d'attendre d'être devenue mère pour envisager une chirurgie mammaire. Avec les grossesses et les allaitements, j'ai pris jusqu'à trois tailles de bonnets et, aujourd'hui, je fais un grand bonnet E. La grossesse change la poitrine qui est susceptible de se relâcher, de prendre une forme différente. Après, il y a moins de risques qu'elle bouge, c'est pourquoi le résultat de la chirurgie esthétique sera plus durable.

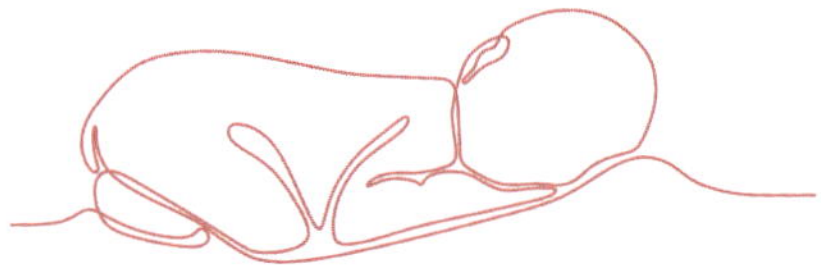

AVEC *Camille* : ENFIN UN GARÇON !

Quand Stéphane et moi imaginions notre future famille, nous envisagions déjà d'avoir trois enfants. Après avoir eu les filles de manière très rapprochée, nous voulions cependant attendre que Margot entre à l'école pour nous lancer. Je suis finalement tombée enceinte plus vite que prévu, puisque Margot était encore chez la nounou. Cette fois, nous avons voulu connaître le sexe du bébé avant la naissance. Le jour de l'échographie, Stéphane ne pouvait pas m'accompagner. Je me souviens que c'était un mardi et que nous avions prévu une petite fête pour annoncer le sexe de l'enfant le samedi. Il fallait donc que je parvienne à garder le secret dans l'intervalle. Chez le médecin, quand j'ai su que c'était un garçon, j'ai été tellement heureuse ! Je savais que Stéphane avait envie d'avoir un fils, même si nous étions persuadés que nous aurions de nouveau une fille. J'ai réussi à ne rien laisser paraître jusqu'au jour de la fête. Ce n'était pas facile, parce que Stéphane essayait sans cesse de déceler des indices dans la moindre de mes expressions. Mais je n'ai pas craqué ! Pour le jour J, j'avais acheté des canons à confettis bleus et roses. Quand les confettis bleus ont jailli, il a littéralement sauté de joie ! Encore un grand moment de bonheur !

Comme pour Louise et Margot, cette grossesse s'est très bien passée, sans problèmes particuliers. Pour l'accouchement, j'ai choisi de ne pas avoir de péridurale, car la dernière m'avait laissé un mauvais souvenir. Par ailleurs, je voulais totalement sentir tout ce qui se passerait. Comme les sages-femmes m'avaient souvent répété, surtout pendant mon allaitement, que j'étais « dure au mal », j'ai décidé de me lancer. Un matin, deux jours avant la date prévue de mon terme, je me suis levée en ayant mal au ventre.

Je n'ai pas immédiatement pensé que ce pouvait être les premières contractions, parce que la douleur n'était pas insupportable. Je n'ai pas paniqué, je me suis concentrée sur moi-même en faisant des exercices de respiration (des inspirations courtes et des expirations longues en ouvrant la bouche au minimum). J'ai commencé ma journée normalement.

Les douleurs abdominales ont continué, mais de manière très irrégulière : cela pouvait être toutes les heures, toutes les vingt minutes ou toutes les deux minutes. Ce qui m'a alertée, c'est que je ne pouvais pas m'asseoir, sinon la douleur devenait continue. Par sécurité, j'ai demandé à Stéphane de me conduire à l'hôpital pour un contrôle. Une fois sur place, on nous a confirmé qu'il s'agissait bien de contractions et que mon col était ouvert à huit centimètres, ce qui signifiait que j'étais vraiment sur le point d'accoucher.

Comme la poche des eaux n'était pas encore percée, la sage-femme m'a demandé si je ne voulais pas changer d'avis et avoir une péridurale. J'avoue avoir eu un gros moment d'hésitation, puis de panique. Je ne savais plus ce que je devais faire. J'ai fini par me ressaisir et je suis restée sur mon premier choix. La sage-femme m'a demandé de me mettre en position assise pour faire descendre le bébé, puis s'est absentée un instant. Je n'ai pas tenu et j'ai commencé à me mettre à quatre pattes, parce que seule cette position soulageait ma douleur qui était de plus en plus intense. C'est au moment où j'ai changé de position que j'ai entendu un grand « ploc », comme si quelqu'un venait de vider un seau d'eau sur le sol. La poche des eaux venait de se rompre d'un coup, comme si elle avait éclaté. Là, j'ai senti Camille descendre dans mon bas-ventre, comme un gros caillou et (attention les filles, ce que je m'apprête à raconter n'est vraiment pas glamour) je me suis fait caca dessus ! Impossible de l'empêcher. Mon corps poussait sur mon utérus et sur mon intestin indépendamment de ma volonté. Quand la sage-femme est revenue j'étais très gênée, mais elle m'a tout de suite rassurée en me disant : « Ne vous inquiétez pas, c'est la vie et c'est tout à fait normal ! » En effet, c'est très courant, donc si cela vous arrive vous n'avez absolument pas à avoir honte ! Le temps que je me mette sur le dos, la tête apparaissait déjà. La sage-femme m'a demandé de pousser mais ça ne donnait rien.

À l'effort, Camille descendait mais il remontait dès que je relâchais. Et pour cause, le cordon ombilical était enroulé trois fois autour de son cou ! Après que la sage-femme a procédé à une manipulation pour le dégager, je l'ai expulsé en quelques minutes. Cela a été tellement rapide que j'ai à peine eu le temps de souffrir, sauf pour le passage de la tête. Finalement, le plus pénible a été la révision utérine qui a suivi l'accouchement : comme je saignais beaucoup, avec de gros caillots, l'équipe médicale a pensé qu'un morceau de placenta était peut-être resté accroché à l'intérieur. La révision, qui consiste à explorer et à « nettoyer » l'utérus manuellement, se fait sous anesthésie légère. Quand on m'a expliqué cette procédure, je n'en avais jamais entendu parler, ni sur Internet, ni par mes amies, ni par un médecin. Je ne savais pas si c'était grave ou pas. Cela m'a plongée dans un grand état de stress et de peur, alors même que je venais d'accoucher d'un bébé de quatre kilos sans péridurale ! Mais un accouchement, je connaissais, tandis qu'une révision, c'était l'inconnu… On m'a posé un masque afin de m'administrer un gaz pour me détendre, mais cela a eu l'effet inverse et j'ai fait un *bad trip*. J'étais de plus en plus paniquée ! Quand la sage-femme a commencé, on aurait dit un goupillon qui frottait un biberon. Pas vraiment douloureux, mais très désagréable ! Pendant la procédure, mon angoisse était à son comble, intensifiée par l'épuisement et les émotions. J'ai eu l'impression que j'allais mourir et que je n'allais jamais revoir mes enfants, d'autant que Stéphane était parti dans la pièce d'à côté avec Camille dans les bras !

Quand il est revenu avec notre fils qui dormait, cette vision m'a tout de suite apaisée. J'ai pu prendre mon bébé, même si ce n'était pas facile parce que j'avais encore les jambes paralysées par l'anesthésie et que j'avais du mal à me redresser. Dès qu'il a montré des signes d'éveil, je lui ai donné le sein sans problème. Par la suite, côté allaitement, tout s'est très bien passé. Camille mangeait bien mais il ne grossissait pas. Comme Margot, il avait un frein de langue (ce problème est souvent héréditaire). Nous avons donc vu le même spécialiste que pour Margot et, ensuite, il a beaucoup mieux tété.

UN CORPS QUI CHANGE

Après trois grossesses, même si on a une bonne qualité de peau et qu'on en a pris soin, le ventre est nécessairement relâché et l'élasticité en prend un coup ! Je suis mince et musclée, mais ça ne m'empêche pas d'avoir un excédent de peau qui forme comme un mini tablier, et qui apparaît sous un legging ou sous un pantalon près du corps. J'admets avoir pensé à faire une abdominoplastie, mais je me suis renseignée et c'est vraiment trop compliqué. Cela laisse des cicatrices et il faut renoncer au sport pendant six mois, or je suis bien trop active. Je porte sans cesse mes enfants et, avec mon programme sportif, je suis toujours en train de bouger. Impossible de me mettre à l'arrêt si longtemps ! Honnêtement, cet excès de peau ne me dérange pas tant que ça : c'est la preuve que j'ai porté la vie. Et la silhouette parfaite, ça ne m'intéresse pas ! Si je suis favorable à la chirurgie esthétique quand on a un complexe (oreilles décollées, paupières qui tombent, bosse sur le nez, seins trop petits ou abîmés...), j'ai du mal à en comprendre les excès, comme se faire faire une bouche, des fesses ou des seins toujours plus gros. Cela aboutit à la formation de ces corps complètement standardisés comme vous pouvez en voir sur les réseaux sociaux.

PRÉNOMS :
UN CHOIX TOUT PERSONNEL

J'aime les prénoms français, anciens, simples. Je les trouve souvent plus élégants et originaux que les prénoms à la mode ou anglo-saxons. Pour Louise, j'avais ce prénom en tête depuis mes vingt ans. J'étais à la plage, et j'ai vu une femme appeler sa fille : « Louise, Louise ! » Ce prénom m'a paru vieux, mais j'ai trouvé qu'il allait très bien à cette jolie fillette. Cela sortait de l'ordinaire. Depuis ce jour, ce prénom m'était resté en tête. Quand je suis tombée enceinte, j'en ai parlé à Stéphane qui n'était pas forcément emballé. Il préférait Amanda, mais moi je trouvais que ça faisait téléfilm de M6 ! Dans mon entourage, le prénom Louise surprenait. Nous avions aussi pensé à Lou, mais en ajoutant le nom de Stéphane, ça faisait Lou Loubignac, ce qui n'était pas très joli. Plus tard, elle risquait d'être rebaptisée « Loulou » et je n'aime pas les diminutifs ou les surnoms. J'ai finalement eu gain de cause, Steph a fini par aimer le prénom Louise autant que moi, et aujourd'hui plus encore, car il colle vraiment à la personnalité de notre fille !

Pour Margot, cela a été plus complexe parce qu'on avait décidé de ne pas connaître le sexe du bébé avant l'accouchement. Il fallait donc choisir deux prénoms. Pour un garçon, on penchait pour « Marceau » que j'avais découvert dans un livre, et pour lequel j'avais eu un coup de cœur. Et puis, c'était le prénom d'un des arrière-grands-pères de Stéphane.

Mais comme pour Louise, il était un peu sceptique. Pour une fille, je n'avais pas d'idée, je parcourais le *Dictionnaire des prénoms* mais rien ne me plaisait.

Tout à coup, je suis tombée sur « Margot ». J'ai tout de suite trouvé que ce prénom avait beaucoup de caractère, qu'il en jetait tout en restant français et ancien. Et cette fois, on n'a pris aucun avis extérieur, car finalement cela ajoute toujours de la confusion.

Pour Camille, on connaissait le sexe, on savait que c'était un garçon. Quand on l'a annoncé, tout le monde était persuadé qu'on allait lui donner le prénom de Marceau. Mais ça aurait été trop facile et, pour moi, « Marceau » était associé à Margot, au garçon qu'elle aurait pu être. Cela revenait à donner le prénom d'un bébé qui n'était pas né. J'ai toujours aimé les prénoms mixtes, surtout pour les garçons. Au début, j'ai pensé à Maxime, mais autant c'est charmant pour une fille, autant c'est plus banal pour un garçon. Ensuite, j'ai pensé à Camille, parce que tous les garçons prénommés Camille que l'on connaissait étaient beaux et charismatiques. Voilà ce qui a fait pencher la balance !

Une vie de famille épanouie...

ça se construit !

LE sommeil, LE NERF DE LA GUERRE !

Notre vie de famille avec trois enfants a commencé. Au début, c'était intense ! Les deux premiers mois, j'étais lessivée. Les filles étaient petites et Camille demandait beaucoup le sein, pour manger mais aussi pour faire des câlins ou pour s'endormir. Justement, concernant les nuits, je ne voulais pas faire la même « erreur » que pour Margot. On avait choisi le cododo et ensuite, quand elle a eu sa chambre, j'ai eu beaucoup de mal à la faire dormir seule. Elle se réveillait dès que je la posais ou que je m'éloignais. Je dois avouer qu'on a fait un peu n'importe quoi sur ce coup-là ! En début de soirée on couchait Louise, puis on endormait Margot dans le salon en la berçant dans la poussette. Elle s'assoupissait jusqu'à 21 h 30, puis elle se réveillait et, rebelotte, on devait refaire la même chose ! Quand elle se rendormait à 22 h, je devais aller me coucher avec elle dans son lit. Résultat, jusqu'à ce qu'elle ait dix-huit mois, on n'a pas eu de soirées et Stéphane a dormi seul. C'était devenu intenable. J'avais envie de passer la nuit dans mon lit, de bouger comme je le voulais et, surtout… de retrouver Stéphane !

Un jour, j'ai senti qu'elle était apte à comprendre et je lui ai expliqué : « Tu es grande maintenant, Maman a besoin de retourner dans sa chambre, donc ce soir tu vas dormir seule dans ton lit. » Elle m'a répondu « oui, oui » de sa petite voix. Tout au long de la journée, je n'ai pas cessé de lui répéter, histoire que ce soit bien clair : « Ce soir, tu dors sans Maman ! » Quand le moment est venu, je l'ai allaitée dans son lit, je lui ai lu une histoire, puis je me suis écartée d'elle. J'ai procédé ainsi par étapes. Le deuxième jour, j'ai migré sur le tapis en attendant qu'elle s'endorme ; le troisième, je suis restée à la porte ; le quatrième, j'ai atteint le couloir ; jusqu'au jour où je suis retournée au salon en lui précisant bien que j'étais à côté. En quinze jours, c'était réglé ! Si ça a marché, c'est parce que j'étais prête et elle aussi. C'était le bon moment pour nous deux. Pour Camille, je ne voulais pas revivre ça. Au début, je l'ai aussi pris en cododo parce que, comme l'enfant a besoin de téter la nuit, c'est plus simple quand on allaite. Mais à quatre mois il a dormi dans sa chambre, et à un an il a fait ses nuits sans se réveiller.

ARRÊT SUR IMAGE :

PREMIER NOËL À CINQ !

Camille est né en avril 2021 et ce sont nos premières vacances en famille, à cinq. Nous avons décidé de nous offrir une fête digne d'un conte de fées en passant Noël à la montagne, dans un décor enneigé. Louise et Margot n'ont encore jamais vu ça, parce que nous vivons dans le Var où il fait presque toujours beau en décembre. Nous avons loué un chalet typique à Ceillac, dans les Hautes-Alpes, suffisamment grand pour accueillir aussi mon père, sa compagne, leur petite-fille, ma sœur Célia et mon frère Alexandre. Par les grandes baies vitrées du salon, nous avons une vue incroyable sur la montagne et le village tout blanc. Margot et Louise sont émerveillées par le paysage et pressées de découvrir les sports d'hiver. Un autre monde pour elles ! Nous faisons de la luge tous ensemble – même Camille que j'ai sur moi dans un porte-bébé – et elles prennent aussi des cours de ski.

C'est la première fois que je goûte pleinement au bonheur d'être en famille en dehors de notre vie quotidienne, d'autant plus que nous sommes nombreux et que nous pouvons nous relayer, ce qui me permet de prendre du temps pour moi. Je me sens soutenue et épanouie. La veille de Noël, nous leur racontons des histoires sur le Père Noël avec son traîneau et ses rennes, et le 25 décembre, les filles ouvrent leurs cadeaux dans ce décor alpin de rêve. C'est magnifique ! Un de nos plus beaux souvenirs en famille.

LANGAGE, LECTURES, JEUX, ÉCRANS… LES *éveiller*, UNE PRIORITÉ

Louise a parlé tôt, à l'âge d'un an. Bien sûr, cette étape, comme celle de la marche, est variable d'un enfant à l'autre et chacun va à son rythme. Dès ses premiers mois, je lui parlais beaucoup, en faisant de vraies phrases et en employant un bon français. Je ne lui ai jamais parlé « bébé » en utilisant des expressions comme « miam-miam » pour manger ou « tututte » pour la sucette. Dès ses deux-trois mois, soit au moment où les nourrissons commencent à être réceptifs, je lui décrivais en détail tout ce que je faisais. Je nommais les parties de son corps quand je la changeais ou que je lui donnais le bain. Dès qu'elle s'est tenue assise, j'ai commencé à lui lire des livres. J'en avais notamment acheté un qui n'était pas de son âge, mais qui contenait des photos de tous les animaux de la ferme, de la forêt ou encore de la jungle, dont je prononçais les noms à voix haute à chaque page. Elle voulait le regarder quotidiennement, jusqu'au jour où elle a réussi elle-même à les nommer, y compris les moins communs comme le cerf, le renne ou l'élan. Elle a également eu droit aux livres classiques pour enfants comme les T'choupi ou les Bébé Koala.

Pour moi, faire la lecture à Louise puis à mes autres enfants était une évidence. J'y pensais déjà quand j'étais plus jeune et que je m'imaginais ce que ce serait d'être mère. Lire favorise l'éveil, mais c'est aussi un moment calme où l'on se pose. Aujourd'hui encore, que ce soit l'après-midi ou le soir avant le coucher, je leur lis une histoire en y mettant vraiment du mien. J'adore prendre des voix et des tons variés pour incarner les personnages et les différents sentiments. Quand il y a un mot difficile, je l'explique au fil de la lecture : les livres enrichissent beaucoup le vocabulaire des enfants et développent leur langage. Plus tard, à l'école primaire, quand les enfants savent lire, les enseignants font tout de suite la différence entre ceux qui aiment se plonger dans les livres et ceux qui ne le font pas. J'ai mis le même enthousiasme dans les activités et les jeux, même si avec les tout-petits c'est parfois long et répétitif. J'ai ainsi passé des après-midi entières à mettre des cubes dans des carrés, des boules dans des cercles, des cylindres dans des rectangles… Pour celles qui sont mères, je suis sûre que vous voyez tout à fait de quoi je parle ! À chaque jeu, j'ai toujours fait le maximum pour les encourager et pour stimuler leur imaginaire.

J'ai aussi évité de mettre les enfants trop vite, trop tôt et trop longtemps devant la télévision. Du coup, elle ne les attire pas plus que ça. Ils la regardent, mais à petite dose : jamais le matin avant l'école ni en rentrant, et un seul dessin animé à la fois. Il n'y a que le mercredi et les week-ends que je l'autorise un peu plus longtemps.

Mon amour

MA PETITE BIBLIOTHÈQUE IDÉALE

LES CHAMBRES DES ENFANTS SONT REMPLIES DE LIVRES, DONT CERTAINS QUE NOUS AIMONS PARTICULIÈREMENT ET QUE JE NE PEUX M'EMPÊCHER DE VOUS CONSEILLER. VOICI MA PETITE SÉLECTION.

- ***Mon amour,*** d'Astrid Desbordes et Pauline Martin (Albin Michel Jeunesse)

Un petit garçon demande à sa maman si elle l'aimera toujours. Elle lui répond qu'elle l'aime depuis qu'elle le connaît, et même avant. Ce livre raconte l'amour inconditionnel qu'éprouvent les mères pour leurs enfants, avec de très belles illustrations. J'ai commencé à le lire à Louise, à Margot et à Camille quand ils ont eu un an et demi. Je le leur relis souvent même s'ils ne comprennent pas encore tout, notamment la fin qui montre que même si l'on aime nos enfants, ils ne nous appartiennent pas. J'ai beau être une adulte, cette histoire me met à moi aussi les larmes aux yeux !

- ***Grosse colère,*** de Mireille d'Allancé (L'école des loisirs)

Un petit garçon prénommé Robert est énervé parce que son papa lui ordonne de venir à table et de manger des épinards, légumes qu'il n'aime pas ! Robert se met en colère et il est envoyé dans sa chambre. Une fois seul, il sent une chose terrible monter en lui et une grosse flamme sort de sa gorge : c'est la colère qui se met à lui parler. Robert crie, retourne son lit, casse ses jouets, jusqu'à ce que le monstre rouge rapetisse et qu'il se calme. C'est un livre qu'on lit très souvent et qui montre comment on extériorise les émotions.

MA PETITE BIBLIOTHÈQUE IDÉALE

- ***Le Bébé,*** de Sophie de Mullenheim et Patrick Morize (Collection « Mon premier Dis Pourquoi ? », Deux Coqs d'Or)

Je l'ai énormément lu à Louise quand j'étais enceinte de Margot, puis à Margot quand j'attendais Camille. Cet ouvrage explique parfaitement ce qu'est la grossesse, de la conception à l'accouchement, en passant par les premiers mois de vie ; grâce a un récit simple, à des textes concis et à des images à soulever. Par exemple, on voit la maman enceinte et, quand on ouvre la vignette, l'intérieur du ventre se dévoile avec le fœtus. Ce livre répond à toutes les questions et permet de préparer votre enfant à l'arrivée d'une petite sœur ou d'un petit frère. Les filles l'ont adoré !

- ***Cornebidouille,*** de Pierre Bertrand et Magali Bonniol (L'école des loisirs)

Un petit garçon ne veut pas manger sa soupe. Ses parents insistent en lui disant que, s'il refuse, la sorcière Cornebidouille, qui mange absolument tout – des jouets aux nuages –, va arriver et l'y obliger. Mais le petit garçon se révèlera plus malin que la sorcière ! C'est une histoire très prenante, avec de superbes images, qui explique que l'on peut se défendre face à ce que l'on veut nous faire croire. Un des préférés de Louise et Margot.

- ***Devine combien je t'aime,*** de Sam McBratney et Anita Jeram (L'école des loisirs)

Un livre qui évoque l'amour familial, l'amour infini des parents pour leurs enfants, mais aussi celui des enfants pour leurs parents. Quand on le lit, j'échange beaucoup avec les filles. Je leur dis par exemple : « Je t'aime jusqu'à la Lune » et elles répondent : « Je t'aime jusqu'à la Lune et jusqu'à la Terre » ou « Je t'aime jusqu'à l'Univers ». C'est l'occasion de beaucoup de câlins !

- **Collection « Bébé Koala »** de Nadia Berkane et Alexis Nesme (Hachette Enfants)

Ces histoires courtes et faciles sont parfaites quand on n'a pas trop de temps ou que l'on n'a pas envie de lire (parce que, bien sûr, ça arrive parfois !). On suit les aventures de Bébé Koala et de son copain le hamster en tous lieux et en toutes circonstances : à l'école, à la piscine, au carnaval, à un anniversaire…

C'est une très bonne alternative à la série des *T'choupi* qui est très « bébé ». Ça peut se lire en trois minutes et il y a toujours une sorte de petite morale que les enfants peuvent retenir à la fin et qui est susceptible de leur servir ensuite, par exemple pour lutter contre la peur du noir ou pour comprendre le sens du partage.

- **Collection « Juliette »**
  de Doris Lauer (Éditions Lito)

Cette série est l'intermédiaire parfait entre les *Bébé Koala* et les *Martine*. Il y a plus de texte que dans le premier, mais moins que dans le second. Cette collection est aussi plus actuelle que la collection « Martine » : on retrouve Juliette dans toutes sortes de situations classiques, mais on la voit aussi, par exemple, prendre soin de l'environnement. Elle éteint les lumières, trie les déchets, prend des douches plutôt que des bains... Cela donne plein d'exemples aux filles qui ont pris l'habitude de fermer le robinet quand elles se brossent les dents... pour faire comme Juliette !

- **Collection « Les bébêtes »**
  (Casterman)

Il s'agit de livres à animer, dont chaque titre est consacré à un animal : *Scarlett la biquette, Pop Corn la licorne, Victor le castor*... Au milieu des pages cartonnées se trouve une petite marionnette en fourrure, à faire bouger avec les doigts tout en racontant l'histoire. Comme ses sœurs, Camille adore cette collection. Cela permet de faire participer les enfants. Je m'adresse à eux à travers le personnage : « Bonjour ! Comment tu t'appelles ? » et je caresse leur cou ou leurs joues avec la marionnette.J'adore ça et eux aussi. Cela nous permet d'inventer toutes sortes de récits ! Le plus extraordinaire, c'est qu'avec leur naïveté d'enfants, même s'ils comprennent confusément que c'est moi qui fais bouger les marionnettes, ils en viennent presque à croire que les personnages sont réels !

Par ailleurs, je ne veux pas qu'ils aient l'image d'une mère sans arrêt sur son téléphone, même si c'est mon outil de travail. Pour Louise, par exemple, dès que je la récupérais chez la nounou, je posais le téléphone (même s'il pouvait m'arriver de faire quelques *stories* ou photos). Mais lors de vacances en Corse, j'ai craqué et j'ai presque failli rendre ma fille accro au téléphone ! Louise avait deux ans. On mangeait au restaurant midi et soir et, en attendant les plats, il fallait la faire patienter pour qu'elle reste calme. Je n'avais pas anticipé cette situation, donc la solution de facilité a été de lui donner mon portable pour l'occuper avec quelques petits dessins animés. Elle a pris le pli très vite… trop vite ! Résultat, à chaque fois que l'on quittait le restaurant, c'était la crise parce qu'on lui enlevait le smartphone. J'étais catastrophée. J'étais en train de faire de ma fille une mini *geek* totalement *addict*. Quand on est rentrés, j'avais honte, car elle le demandait en toute occasion. Par exemple, quand on allait voir ma grand-mère, elle ne lui parlait pas plus de cinq minutes, car elle était collée au portable. Stéphane et moi avons alors pris une décision radicale : nous avons supprimé le téléphone, caché toutes les télécommandes et amorcé une détox de tous les écrans ! Elle a beaucoup pleuré au début mais, en fin de compte, ce problème a été réglé en quelques jours.

Aujourd'hui, je laisse le téléphone à mes filles, mais avec modération, et quand je le reprends il n'y a pas de crise. Maintenant qu'elles sont plus grandes – surtout Louise –, elles ont compris que c'était mon outil de travail. J'essaie cependant d'être attentive et de ne pas en faire un objet incontournable. Par exemple, elles me le demandaient parfois pour se prendre en photo, car elles adoraient ça ; alors, je leur ai acheté un petit appareil photo numérique pour enfants, très facile à utiliser, qui permet de dissiper la tentation du téléphone. Quant aux restos, je remplis désormais un petit sac de boîtes à histoires, de livres de coloriage, d'autocollants, de pâte à modeler, de petits jouets et nouvelles babioles pour les faire patienter. Je fais la même chose quand on doit prendre l'avion. Le temps qu'elles déballent et qu'elles regardent toutes ces nouveautés, ça les occupe sans avoir à dégainer le portable ! Il faut à tout prix être constamment inventif avec les enfants, anticiper, prévoir.

L'ÉDUCATION : DES RÈGLES, DES *limites*... ET DU FEELING

Avec mes enfants, je n'ai lu aucun livre d'éducation. Je fais au feeling ce qui me semble juste et sain. Dès sa naissance, Louise a été inondée de câlins, de « je t'aime » et de patience. Jusqu'à ce qu'elle tienne sur ses jambes je n'ai presque jamais crié, et les rares fois où je l'ai fait (parce qu'évidemment ça arrive) c'était pire après : Louise pleurait encore plus et je m'en voulais profondément. De toute façon, un très jeune enfant ne comprend pas les réprimandes. Jusqu'à l'âge de deux ans, soit l'âge où il marche et parle, il ne fait pas de « caprices » au sens strict. Il exprime juste un besoin ou une frustration. Dans ce cas, la punition soulage davantage le parent à bout de nerfs qu'elle n'apprend véritablement quelque chose à l'enfant. Même quand ils sont en âge de comprendre, il est rare qu'on parvienne à tenir la punition, moi la première ! Les filles me rient souvent au nez quand je décide de les priver de quelque chose après qu'elles se sont mal comportées, parce que mes menaces fondent comme neige au soleil. Mais parfois, j'y parviens. J'élève la voix et je les punis quand c'est nécessaire, et là ça marque vraiment le coup. Elles savent qu'il ne faut pas trop abuser. Je ne suis pas non plus le meilleur exemple en ce qui concerne les petits cadeaux.

J'ai l'achat facile dès qu'elles sont avec moi, sans doute parce que j'ai le sentiment d'avoir manqué étant jeune. Comme elles sont globalement sages et gentilles, j'ai tendance à être faible et à leur offrir quelque chose à chaque fois que l'on sort. Si vraiment je tiens à ne rien leur acheter, il ne faut pas que je les emmène avec moi dans les magasins. Quand je leur offre des petits cadeaux, je ne manque cependant jamais de leur faire remarquer qu'elles ont de la chance, qu'elles sont gâtées et que ce n'est pas le cas de tous les enfants. Même si je suis une mère cool, il y a quand même des choses sur lesquelles je ne transige pas, comme la politesse. Très tôt, j'ai appris à mes enfants à dire « bonjour », « au revoir », « s'il vous plaît », « merci »… comme ma mère qui était très à cheval là-dessus, en particulier quand on allait rendre visite à quelqu'un. Aujourd'hui c'est naturel pour mes enfants de lancer un grand « bonjour » quand ils entrent dans les magasins.

ÉDUCATION

MES RÈGLES D'OR ÉDUCATIVES

FAIRE FRONT COMMUN SUR LES PRINCIPES D'ÉDUCATION

Même si l'on sait que c'est à éviter, Stéphane et moi nous contredisons parfois devant les filles (oui, nous sommes loin d'être parfaits). Louise et Margot ont bien compris nos différences et il leur arrive d'en jouer. Si l'un dit « non », elles s'empressent d'aller demander à l'autre et, bien sûr, cela crée des conflits. Heureusement, nous nous retrouvons sur les grands principes de base, comme la politesse.

GÉRER LES COLÈRES

Parfois, mes enfants pètent les plombs : ils crient, se mettent à tout casser. Pour apprendre aux miens à mieux gérer leurs émotions, je leur lis beaucoup de livres sur le sujet. Cela peut ensuite leur servir, par exemple quand ils se mettent à hurler et que je les envoie se calmer dans leur chambre. Mais avant d'en arriver là, il y a une technique que j'utilise et qui marche assez bien. Je leur dis calmement : « Je sais que tu es en colère. Vas-y, crie, crie, crie plus fort ! » et parfois ça suffit à freiner la crise. Ce n'est pas la peine d'imposer des punitions sévères aux enfants, car leurs colères ne sont souvent qu'une manière d'extérioriser, en particulier la fatigue.

ADOPTER LES BONNES HABITUDES AU QUOTIDIEN

Malgré tout, il est nécessaire de poser des limites, des petites règles pour leur donner les bons réflexes. En d'autres termes, être cool mais ferme. Par exemple, je veille particulièrement à ce que mes filles se tiennent correctement à table.

Je leur dis de faire attention, de ne pas aller trop vite dans leurs mouvements pour qu'elles arrêtent de renverser leur verre à chaque repas. Je suis aussi inflexible sur l'ordre, et tant que la salle de jeux n'est pas rangée, je ne les autorise pas à faire autre chose.

FAIRE DES REPAS UNE DÉCOUVERTE ET UN PLAISIR

Nos enfants mangent exactement comme nous depuis qu'ils ont terminé leur diversification alimentaire. Leurs repas sont équilibrés, toujours composés de protéines, de légumes, de féculents, de fruits et de laitages. Évidemment, ils font parfois un peu la tête face à des légumes qu'ils aiment moins que d'autres ou qu'ils ne connaissent pas, mais je les incite toujours à goûter. Je les invite à prendre au moins quatre ou cinq cuillères, mais je ne les force jamais à finir leur assiette.

Pour autant, même si je leur apprends les principes d'une alimentation saine, je ne suis pas dogmatique sur le tout-bio et rien n'est interdit. Je ne les prive pas de bonbons mais je leur apprends à être modérés et, de temps en temps, ils mangent même un « McDo' ». De toute façon, les interdits mènent aux frustrations et risquent de conduire, par la suite, vos enfants à se jeter sur ce qui est mauvais.

RESTER ZEN SUR LA PROPRETÉ

Là aussi, je fais preuve de pédagogie sans mettre de pression. Louise a été propre au mois d'août, juste avant son entrée à l'école. Margot, un peu plus tôt, parce qu'elle avait l'exemple de sa sœur. Camille porte encore des couches à l'heure où j'écris ces lignes, mais quand vous lirez ce livre, il devrait être propre ! Stéphane et moi leur avons appris dès que possible à faire pipi avant d'aller se coucher, même si on leur laissait parfois une couche la nuit par sécurité. Le bon signal pour enlever la couche, c'est quand elle est sèche le matin. En revanche, nos enfants ont très peu utilisé le pot.

MES RÈGLES D'OR ÉDUCATIVES

Ils sont allés aux toilettes presque directement, car on a fait installer un adaptateur avec un escalier et, surtout, c'était comme un jeu pour eux de faire comme les grands. Dans tous les cas, rassurez-vous. Chaque tout-petit va à son rythme et finira forcément par être propre à un moment ou à un autre, quelle que soit la méthode que vous choisirez. Hormis pour des problèmes de santé, on n'a jamais vu des enfants de douze ans porter encore des couches !

ÉVITER LA JALOUSIE ENTRE FRÈRES ET SŒURS

Louise n'a pas du tout été jalouse quand Margot est née alors qu'elle était très jeune. Pourtant, on m'avait avertie que c'était un problème courant quand les enfants ont peu d'écart d'âge. Et j'étais d'autant plus inquiète que mon frère et moi ne nous entendions pas bien lorsque nous étions petits. J'ai donc tout fait pour ne pas exclure Louise. Pour qu'elle participe à la vie de sa sœur je lui demandais de m'aider à changer les couches, à lui mettre le liniment, à l'habiller... Et quand je donnais le sein à Margot, Louise prenait son biberon en même temps sous mon autre bras. Quand les filles ont su qu'elles allaient avoir un petit frère, elles étaient folles de joie, surtout Louise qui était davantage en âge de comprendre. Pendant la grossesse, je leur avais acheté des livres sur les bébés, sur les frères et sœurs.

Quand Camille est né, elles voulaient sans arrêt le toucher, lui parler, le porter... C'est peut-être la seule fois où j'ai vu Louise et Margot être un peu jalouses l'une de l'autre : elles faisaient presque des « crises » pour savoir laquelle allait pouvoir prendre Camille en premier dans les bras. Aujourd'hui, je suis ravie que mes enfants soient aussi rapprochés, parce qu'ils peuvent jouer ensemble, partager beaucoup de choses... et leur complicité est chaque jour plus grande.

LE *temps libre*, UN ESPACE POUR INVENTER

Avec ma famille, mes activités, mon entreprise, je suis occupée presque tout le temps. Il m'arrive même de prendre deux ou trois heures le week-end, pendant les siestes des enfants, pour m'avancer dans mon travail ou dans l'administratif. Quand je dois vraiment recharger mes batteries, je m'assieds sur une chaise, je pose le portable et, pendant vingt minutes, je ne fais absolument rien, je laisse aller mes pensées. Mon temps libre, surtout les week-ends, est consacré aux activités avec les enfants. On va au cinéma, au centre commercial, on fait des jeux de société, des balades sur la plage. Avec Stéphane, nous faisons le maximum pour qu'ils soient dehors le plus possible, même si nous jouons simplement avec eux dans le jardin. Mais je leur apprends aussi à s'ennuyer. Quand ils ne savent pas quoi faire, je les encourage à développer leur imaginaire, à chercher comment ils pourraient s'occuper seuls, à inventer eux-mêmes des jeux.

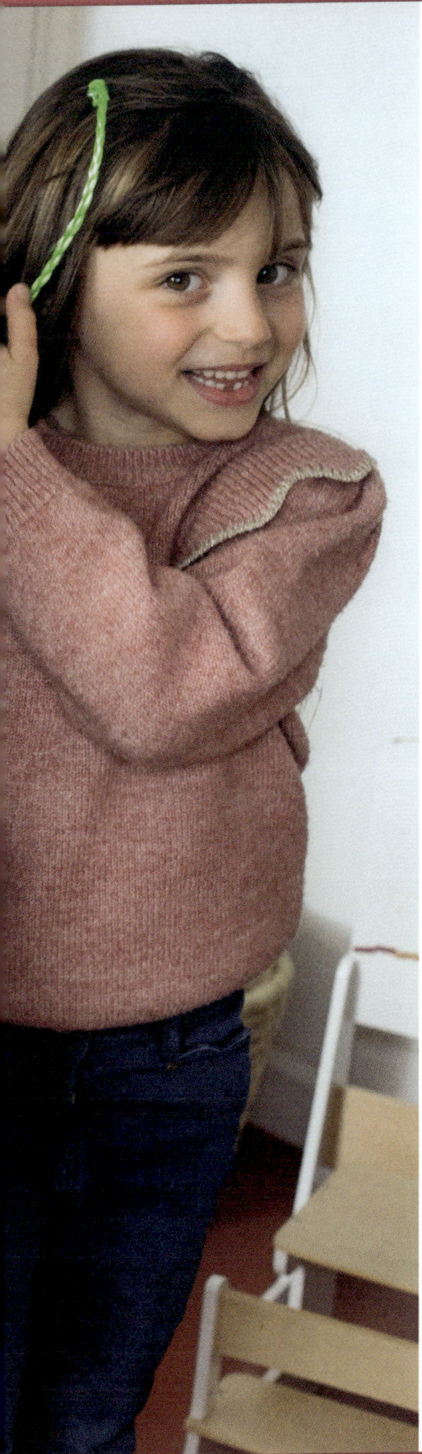

24 HEURES BIEN REMPLIES

6 H 30 - 7 H 00

Stéphane se lève le premier, prend sa douche puis vient me réveiller.

7 H 00 - 8 H 00

Nous réveillons les enfants. Pendant que je me prépare, je commence à les habiller avec les vêtements que nous avons préparés la veille. Aujourd'hui, les filles se débrouillent seules, mais il y a toujours des petites choses sur lesquelles je dois les aider : une culotte trop haute, des chaussettes enfilées à l'envers ou un pantalon mal ajusté. Pendant ce temps, Stéphane s'attelle au petit déjeuner. On le prend tous ensemble, en famille, sans télé ni écrans, mais pour le reste c'est un peu à la carte. On donne aux enfants une petite brioche, une tartine, un fruit... pour que ce soit équilibré. Puis ils vont se brosser les dents.

Pendant ce temps, je débarrasse la table, je mets les assiettes et les tasses au lave-vaisselle, je passe un petit coup d'aspirateur. Ensuite, je coiffe les filles. Je leur attache toujours les cheveux, souvent en tresses, sans oublier de leur vaporiser chaque jour un spray anti-poux. Elles en ont déjà eu deux fois, alors je préfère prévenir que guérir !

24 HEURES BIEN REMPLIES

Ensuite, si l'on est en avance, les enfants vont à la salle de jeux ou font des dessins pendant que je commence à checker mes mails, que je regarde les placements de produits à faire dans la journée ou ma *to-do list.*

8 H 00

Stéphane part travailler et je fais monter les trois enfants dans ma voiture, ce qui n'est pas toujours simple, surtout avec Camille qui fait souvent de la résistance. Vers 8 h 15, je dépose les filles à l'école et, après un dernier bisou et un dernier coucou à travers le grillage, j'emmène Camille chez Cécile, sa nounou qui a aussi été celle de Louise et Margot. Cela fait un an qu'il y va, mais la séparation est toujours un peu difficile. Il n'aime pas le moment où je le laisse, mais je sais qu'ensuite ça se passe bien.

9 H 00-9 H 30

Je rentre à la maison. Souvent, Sonny, mon assistant, m'attend déjà devant la porte. C'est lui, désormais, qui gère la page du « Alexia's Challenge » et qui poste sur Instagram les transformations physiques et les résultats reçus la veille de la part de celles qui suivent le programme.

Il gère aussi tous mes messages et mes mails. Avant de me mettre au travail, je fais un peu de rangement dans la maison, j'aère en grand, je lance l'aspirateur automatique, je mets en route la machine à laver ou le sèche-linge. Puis je commence à ouvrir les colis envoyés par les marques, qui m'attendent sur la table de la salle à manger.

9 H 30-12 H 00

Sonny et moi faisons un point sur les placements de la journée pour réfléchir aux façons de les rendre plus attractifs. Comme je présente peu de nouveautés et que je reste fidèle aux marques pour lesquelles je travaille (parfois depuis trois, quatre ou cinq ans !), les vidéos peuvent devenir un peu répétitives avec le temps. Sonny m'aide à être plus créative en me filmant par exemple sous différents angles, avec des lumières variées. Je fais en moyenne trois placements par jour, ce qui demande un temps conséquent de préparation, de tournage et de montage. Parfois, pour une minute trente de vidéo, il faut compter une bonne heure de production.

En milieu de matinée, on fait une pause. J'en profite pour poster des *stories* et alimenter mes réseaux sociaux. Dans cet exercice aussi, la présence de Sonny, avec qui je rigole beaucoup, m'a apporté un véritable coup de fouet. Après les placements de produits, on s'occupe du « Alexia's Challenge ». On réfléchit aux nouveautés qu'on pourrait y apporter, aux promos à proposer pour Noël, pour le Black Friday ou pour Pâques, ou encore aux prochains programmes sportifs à développer.

12 H 00-14 H 00

Soit je prépare le repas et on déjeune tous les deux à la maison en discutant, soit on se prend une salade sur le chemin de notre cours de pole dance. J'ai commencé cette discipline sur les conseils de ma belle-sœur, en octobre 2021. Au début, je n'étais pas au top, j'avais encore des kilos à perdre de ma dernière grossesse, mais j'ai rapidement adoré ce sport qui est plus physique qu'on ne le pense.

14 H 00-16 H 00

L'après-midi, soit je fais mes vidéos de sport pour le « Alexia's Challenge », soit je fais encore des placements de produits. Si je suis à jour dans mes tournages, je m'occupe des papiers, des factures ou de l'administratif.

16 H 00-16 H 30

Je vais récupérer les filles à l'école et Camille chez la nounou, pendant que Sonny continue de gérer mes messages ou qu'il prépare la journée du lendemain.

16 H 45-18 H 00

J'arrive à la maison, je range, je m'occupe d'étendre ou de plier le linge. Puis les enfants prennent leur douche ou leur bain, je les mets en pyjama et les laisse jouer. À 17 h 30, Sonny part. Stéphane rentre souvent du travail à 18 h, mais s'il revient plus tôt, je le laisse s'occuper du bain des enfants et je bosse encore un peu.

18 H 30-20 H 30

On dîne tous ensemble assez tôt pour pouvoir vraiment se dégager du temps en début de soirée. Les enfants peuvent ainsi jouer encore un peu, et moi je peux me rendre deux ou trois fois par semaine au cours de pole dance du soir (entre 18 h et 20 h). Dans ce cas, c'est Stéphane qui couche seul les enfants vers 20 h. Quand je suis là, on leur lit une histoire ensemble, on les endort et, à 20 h 15, notre soirée à deux peut commencer ! Il m'arrive parfois de me remettre à travailler, mais depuis que j'ai Sonny c'est de plus en plus rare. On regarde une série ou un film, soit dans le canapé soit dans notre chambre, et ensuite c'est l'extinction des feux !

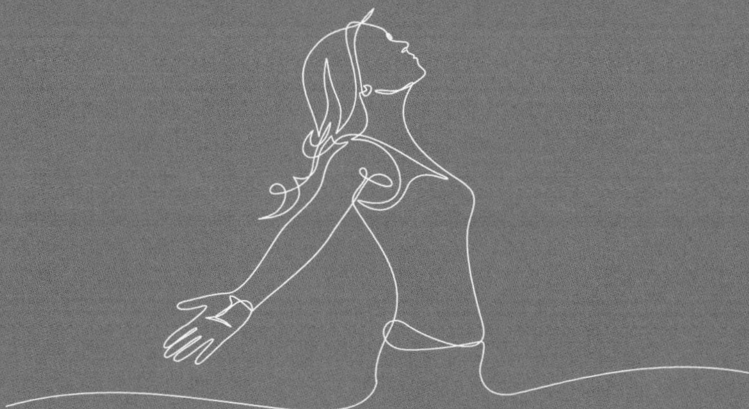

Pleinement mère…

et pleinement femme

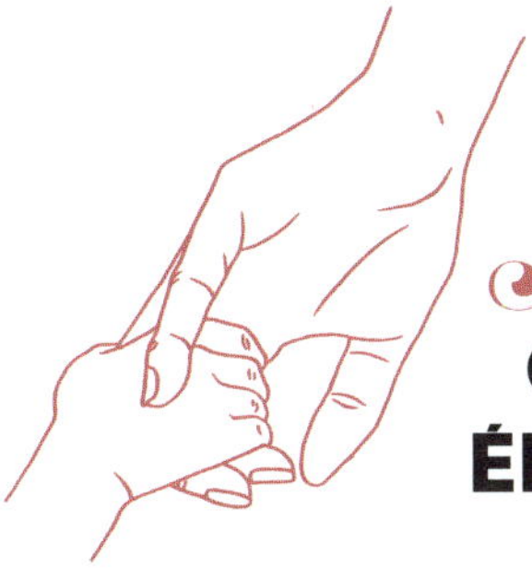

UNE *maman*, ÇA TREMBLE ÉNORMÉMENT !

Je suis une maman poule, angoissée pour ses enfants, d'autant que le monde d'aujourd'hui est de plus en plus fou. Je les sensibilise le plus possible aux dangers de la vie de tous les jours, même si je m'impose des limites parce que je me souviens que l'angoisse de ma mère me pesait. Par exemple, quand j'allais dormir chez une copine, elle vérifiait absolument tout (les horaires, l'endroit…) en appelant les parents. Je tiens beaucoup d'elle et aujourd'hui, quand j'emmène mes enfants au parc, je ne suis pas de ces mères qui discutent tranquillement sur un banc pendant que leurs enfants font du toboggan. Je ne parviens pas à les lâcher des yeux et je suis aux aguets, prête à me précipiter vers eux dès que je vois qu'ils risquent de tomber. J'essaie cependant de m'améliorer et de lâcher du lest pour ne pas entraver leur autonomie.

Je n'aime pas non plus les emmener au milieu de la foule, comme lors des feux d'artifice où il y a beaucoup de monde, car j'ai peur de les perdre. C'est sans doute parce que, moi-même, j'ai failli être kidnappée étant enfant.

Pendant le grand voyage en Égypte que j'ai fait avec ma mère, nous visitions un souk très fréquenté et, malgré ses rappels à l'ordre, je ne voulais pas lui donner la main. Je marchais non loin d'elle quand, tout à coup, j'ai vu un homme foncer dans ma direction. Il a attrapé mon poignet à la volée et je n'ai pas eu le temps de réagir. Je voyais ma mère s'éloigner devant moi. Quand je l'ai perdue de vue, j'ai enfin compris que j'étais en danger, mais je n'arrivais pas à crier, car j'avais honte. Je me disais que je méritais ce qui m'arrivait puisque je n'avais pas voulu obéir. Puis, dans une sorte de prise de conscience, un instinct de survie, j'ai donné un coup de pied à l'homme, j'ai libéré mon bras et j'ai couru tout droit vers ma mère qui ne s'était aperçue de rien. Le plus incroyable c'est que, sur le moment, je ne lui ai rien dit et j'ai fait comme si rien ne s'était passé. Ce n'est qu'à la fin de la journée que je lui ai tout raconté.

Après ça, je peux vous dire que je n'ai plus jamais refusé de lui donner la main. J'ai raconté à Louise et Margot ce fâcheux épisode pour les mettre en garde, et pour les inciter à être prudentes et à ne pas me lâcher dans les lieux où il y a beaucoup de monde.

De même, si je les encourage à être ouvertes et polies envers les autres, je leur enseigne aussi leurs propres limites, en particulier celles de leur corps. Je leur apprends que personne n'a le droit de les toucher sans leur permission ou sans que je sois présente et qu'elles ne peuvent pas se montrer nues (les jeunes enfants travèrsent tous une passe où ils ont tendance à se dévêtir facilement) n'importe où, devant n'importe qui.

Passion
POLE DANCE

Dans l'esprit de la plupart des gens, la pole dance est encore associée à l'univers de la nuit, aux stripteaseuses, aux danseuses de club, avec une image assez légère. Mais quand on commence à pratiquer, on se rend compte que cette discipline demande une sacrée condition physique que ce soit sur le plan musculaire (abdos, cuisses…) ou cardio. À mes débuts c'était très difficile, et on me voyait galérer, tomber, grimacer dans mes *stories*. Aujourd'hui, la pole dance s'est démocratisée et beaucoup de femmes la pratiquent sans être danseuses ni stripteaseuses. Dès que j'ai commencé à poster des vidéos de mes cours, j'ai reçu de nombreux messages de filles qui s'étaient inscrites grâce à moi, parce que je leur avais donné envie d'essayer, mais aussi de nouvelles abonnées qui pratiquaient déjà ce sport et me remerciaient de contribuer à le faire mieux connaître. Quand on commence à maîtriser les figures et les chorégraphies, c'est vraiment beau à regarder, et aujourd'hui je suis fière du niveau que j'ai atteint.

Alexia's
Challenge
RAD RAD RAD

En voyant mes séances sur les réseaux, certaines filles me reprochent parfois d'être trop dénudée, mais c'est une nécessité. En effet, pour bien exécuter les mouvements, la peau doit accrocher à la barre sur presque toute sa surface. C'est pourquoi, moins on porte de tissu, mieux c'est !

Cela est particulièrement vrai au niveau des aisselles ou du pli de la fesse : si on porte une grande culotte, un short ou une brassière trop couvrante, on risque de glisser ! Et même sans cela, chacune doit être libre de porter ce qu'elle veut quand elle en a envie.

Aujourd'hui, je ne pourrais vraiment plus m'en passer. C'est une discipline à la fois sportive et artistique qui permet de s'assumer, de se sentir belle et bien dans son corps, puissante, quelle que soit sa morphologie.

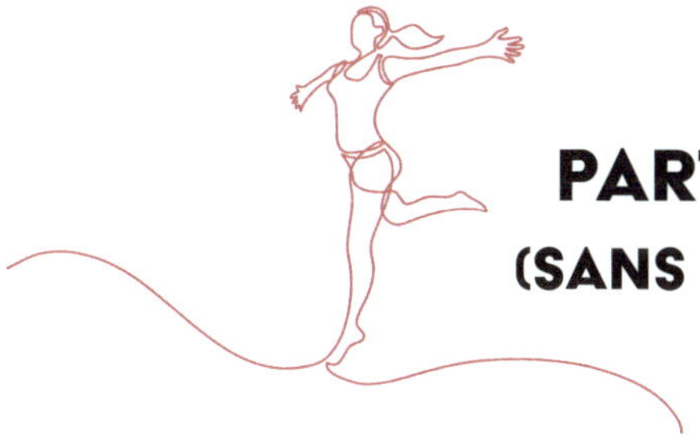

PARTIR *seule* (SANS CULPABILISER !)

Quand j'ai participé à la course « Femina Adventure » en Guadeloupe en novembre 2022, c'était la première fois que je laissais mes trois enfants aussi longtemps, c'est-à-dire presque une semaine ! Mais ce défi sportif était important pour moi parce que je suis une compétitrice et que j'aime le challenge. J'avais aussi toute confiance en Stéphane et je savais que je pourrais voir Louise, Margot et Camille tous les jours en FaceTime et échanger avec eux. Bien sûr ils m'ont manqué, mais les retrouvailles ont été très belles. Je suis rentrée heureuse et fière d'avoir réussi cette course (même si je n'ai pas gagné), car avant d'être une mère, je suis une femme qui aime faire du sport et qui a besoin de se surpasser. C'était l'occasion de ne penser qu'à moi. Même si les enfants sont ma priorité, porter sans cesse la casquette de maman peut devenir épuisant et limitant. Savoir lâcher prise pour se reposer et souffler, ou pour prendre du temps pour soi, est nécessaire. Parfois, j'ai des abonnées qui me disent qu'elles ne parviennent pas à s'accorder un moment pour faire du sport ou une autre activité qui leur plairait. Mais je pense qu'une heure dans un agenda, ça se trouve, en particulier le week-end (surtout quand on voit le temps qu'on passe à traîner sur les réseaux sociaux…).

PARENTS... MAIS *amoureux !*

Depuis qu'on est devenus parents, Stéphane et moi, on s'aime encore plus. Parfois, quand on est ensemble et qu'on regarde nos enfants, on est émerveillés et on se dit : « Tu imagines ce qu'on a fait tous les deux, tout ce qu'on a construit ! » Ça roule vraiment bien entre nous, la confiance est là et il n'y a pas de stress au quotidien. Ceci étant, je dois avouer que l'on s'embrouille presque tous les jours pour des broutilles – mais c'est comme si on en avait besoin pour faire vivre notre couple. Stéphane peut, par exemple, m'envoyer un texto pour me dire qu'il a pris des places pour un spectacle, en ayant oublié que je les avais déjà réservées le week-end précédent. Alors je m'énerve : « Tu es bête ou quoi ? Tu aurais pu me consulter ! Je t'ai dit que je les avais prises !

Tu n'écoutes jamais, tu me saoules. » Parfois, c'est Stéphane qui s'agace parce que je lui pose trop de questions sur son travail ou sur ses amis, ou que je lui fais des remarques quand il conduit. Et bien sûr, chacun tient tête à l'autre… jusqu'au moment où l'on éclate de rire. Si l'on ne se disputait jamais, notre vie ensemble serait monotone. Ces chamailleries sont surtout liées à notre différence de caractère : Stéphane est posé, cool, presque nonchalant ; alors que moi je suis exubérante et têtue. On est comme chien et chat, mais finalement on se complète. Il canalise mes moments d'excitation, et moi je le dynamise et le dévergonde un peu. Stéphane est ultra serviable – on peut tout lui demander –, et j'admets que, parfois, j'en joue un peu. Si, par exemple, je décide qu'il faut une étagère sur un mur, je vais lui réclamer de le faire tout de suite. Il va râler, mais il va s'y coller parce qu'il aime rendre service. Il est toujours aux petits soins. C'est vraiment un homme solide sur qui on peut compter.

On se chambre aussi beaucoup parce qu'on aime rigoler. Quand il rentre tard de son travail, et si c'est une journée où il a vu beaucoup de clients, il n'a pas forcément envie de parler le soir. Alors, je le provoque : « Je crois que je vais me trouver un nouveau mec ! » On se chamaille un peu pour la forme et, à la fin, il revient vers moi en me demandant : « Bon, je peux rester ton mec finalement ? », et on éclate de rire ! Je lui ai fait le même sketch quand nous sommes partis en Martinique, fin 2021. On ne trouvait pas la route pour rejoindre notre location Airbnb parce que le GPS ne captait pas.

Je lui ai suggéré d'appeler la propriétaire, mais il ne voulait pas ; alors, mi-excédée mi-amusée, j'ai balancé : « Les vacances commencent mal. Résolution 2022 : me trouver un nouveau mec ! », sans savoir qu'il allait me demander en mariage quelques jours plus tard. C'est d'ailleurs un des sujets sur lequel il m'a fait évoluer. Moi, je ne voulais pas me marier. Je viens d'une famille où il y a beaucoup de divorcés : ma mère, mon père (deux fois), mes grands-parents maternels, mes tantes… et donc, pour moi, mariage signifiait divorce. Pour Stéphane, en revanche, c'était un symbole important. Ses parents sont restés ensemble jusqu'au décès prématuré de son père ; et il vient d'une famille rassurante, soudée et unie où il y avait beaucoup de dialogues et de moments partagés. Dans sa vision de l'amour, un homme reste avec la mère de ses enfants, et s'il y a des problèmes on essaie de les résoudre au lieu de partir à la première occasion. Au début de notre relation, je l'avais prévenu : « Ne me demande jamais en mariage ! » Ce n'était pas un bout de papier qui allait renforcer notre amour !

Et puis nous avons eu Louise et, pour moi, c'était la plus belle des preuves. Elle était un petit bout de nous, une concrétisation de notre lien. D'ailleurs, nos enfants portent nos deux noms comme un symbole de notre union. La naissance de Camille a été le point d'orgue de notre amour, et j'ai commencé à être moins radicale sur l'idée du mariage. Je me disais que, moi aussi, j'aimerais porter le nom de Stéphane et des enfants. Je faisais de temps en temps des petites remarques : « Ça me plairait de m'appeler Loubignac-Mori moi aussi ! », ou alors : « Si tu dois me demander en mariage, ne le fais pas trop tard, je ne veux pas être trop vieille sur les photos ! » Je pensais, et espérais, qu'il me demanderait en mariage pour nos dix ans de relation.

Mais il n'a pas attendu jusque-là et s'est lancé pour nos huit ans. Quand nous sommes rentrés chez nous, je planais. Pendant trois semaines, j'ai passé mon temps à regarder la bague. Je mesurais l'importance de l'étape symbolique que nous nous apprêtions à franchir et qui s'est concrétisée en août 2023.

Même si nous sommes parents et mariés, et que l'on mène une vie à cent à l'heure, nous avons réussi à préserver notre vie de couple. On essaie toujours de se séduire, on ne se laisse pas aller, on aime toujours être beaux l'un pour l'autre. Quand je suis habillée, maquillée et apprêtée, il me complimente et c'est une vraie preuve d'attention. Pareillement, quand il se met sur son trente-et-un, je le regarde et je me dis : « J'ai de la chance, quand même ! » On ne s'oublie pas du tout dans notre rôle de parents. Pour certains, cela demande des efforts, mais pour nous c'est naturel. On s'accorde des moments à deux. Le midi, on se retrouve parfois pour déjeuner en tête-à-tête ou bien on dîne ensemble au restaurant le soir. On aime aussi se faire un spa de temps en temps. Mais il n'y a pas de règle. On peut rester six mois sans rien faire à deux et ensuite multiplier les sorties. Nous n'avons pas non plus abandonné notre vie sociale et on reçoit nos amis à la maison. Ceci dit, on apprécie aussi de sortir l'un sans l'autre, chacun avec ses connaissances. J'ai confiance en lui, et lui en moi.

Avec Stéphane, je n'ai pas l'impression d'être emprisonnée. Aussi, quand je pars faire de la pole dance, du shopping, ou bien dîner avec des copines, je n'ai pas l'impression de « respirer », de m'accorder une « liberté » que je n'aurais pas dans le couple. Évidemment, entre nous ce n'est plus comme au début quand on avait des papillons dans le ventre. Lorsque l'on se souvient de cette époque où l'on vibrait rien qu'à la simple idée de se voir, il nous arrive d'en plaisanter. Mais l'amour que nous nous portons aujourd'hui est plus fort et plus grand, durable et conscient. La passion du début est très excitante, mais elle est aussi souvent stressante et angoissante parce qu'on ne sait pas où l'on va et que l'on ne connaît pas bien l'autre. Aujourd'hui, c'est un amour profond et ancré.

Mumpreneuse : UN DÉFI PERMANENT

Je travaillais encore à l'agence immobilière quand j'ai commencé à faire des placements de produits. Au début, comme pour beaucoup d' « influenceurs » (même si l'on n'utilisait pas encore ce terme), c'était juste un échange de bons procédés, je faisais une vidéo publicitaire contre des cadeaux. Ensuite, j'ai commencé à toucher de petites rémunérations, aux environs de cent euros. Petit à petit, des marques m'ont fait confiance et j'arrivais parfois à gagner cinq cents euros par mois en plus de mon salaire ! Puis, de fil en aiguille, le moment est arrivé où je gagnais autant à mon compte que ce que je gagnais à l'agence, même si ce n'était pas forcément régulier. Si je quittais mon job, je savais que je laissais un CDI pour quelque chose d'incertain, d'éphémère.

Par ailleurs, je n'avais pas envie d'être dépendante des placements de produits pour vivre. Il fallait donc que je trouve une deuxième source de revenus. L'idée du « Alexia's Challenge » est arrivée à point nommé, et c'est ce projet qui m'a permis de me lancer véritablement à mon compte.

À cette époque, je n'avais pas encore d'enfant et j'allais presque tous les jours à la salle de sport. Comme je partageais mes séances sur les réseaux, je recevais beaucoup de messages de filles qui me demandaient des conseils sportifs ou diététiques. La plupart d'entre elles avaient des enfants et ne pouvaient pas pratiquer à l'extérieur plusieurs fois par semaine. C'est ainsi que, lorsque j'ai été enceinte de Louise, j'ai eu l'idée du « Alexia's Challenge » : des exercices à faire chaque jour chez soi, et des menus à suivre durant un mois. Je ne voulais pas paraître illégitime alors j'ai proposé à un ami, coach sportif diplômé, ancien militaire comme moi, et qui me donnait parfois des cours particuliers, d'être mon associé et de m'aider à concevoir ce programme.

Il devait être accessible physiquement et financièrement à toutes, en s'adressant à celles qui n'avaient jamais fait de sport ou qui voulaient s'y remettre en douceur.

L'objectif : des séances courtes mais intenses, de trente minutes, et une alimentation équilibrée. Quatre semaines, c'était la durée idéale pour ne pas s'essouffler et pour commencer à constater de vrais résultats. Il a fallu six mois pour le mettre au point. Je voulais un programme réaliste qui rende la silhouette tonique, mais normale – rien d'extrême –, à mon image. Ainsi, il n'y a pas de nombre obligatoire de séries à effectuer, et chaque personne va à son rythme. Sur la même durée, l'une peut faire seulement cinq squats et une autre quinze, le principal étant de faire ses séances quotidiennement. Je tenais aussi beaucoup au programme nutrition parce que, même si le sport permet d'avoir un joli corps et d'être en meilleure condition physique, pour s'affiner, c'est l'alimentation qui fait 70 % du boulot.

J'ai testé le « Alexia's Challenge » sur moi après ma grossesse. Je partageais mes progrès sur les réseaux et, quand on a enfin pu le lancer, le succès a été immédiat. J'étais mon propre produit d'appel. Je me souviens qu'en une heure à peine on a enregistré trois mille commandes, au point que notre site internet a sauté ! Nous avions établi un tarif attractif : 19,90 euros pour chaque programme, sportif et nutrition.

Au bout de quelques semaines, quand on a commencé à poster les premières photos illustrant les transformations de nos clientes, les commandes ont explosé de nouveau, car il s'agissait de vrais témoignages, de vrais mots, de vraies images, de vrais résultats. Cela crédibilisait le programme. Pendant un an, j'ai posté une transformation par jour, ce qui équivalait à une publicité par jour. Et je ne m'économisais pas pour assurer le succès du projet. Je répondais à tous les mails, à tous les messages, à toutes les questions. Je savais que plus je serais proche de mes clientes, plus elles tiendraient et resteraient motivées.

Pour le deuxième programme, on a un peu corsé les choses en ajoutant du matériel et des exercices plus intenses. Puis on a diversifié les programmes nutrition : on en a fait un pour l'été, un pour l'hiver, un végétarien. Et on a lancé les programmes ciblés « abdos/fesses ».

On a toujours essayé de se réinventer, jusqu'au programme vidéo « Transforme toi avec nous en 1 an » lancé en janvier 2023. Cinq ans après le lancement du premier « Alexia's Challenge », la confiance de mes abonnées est ma plus grande fierté. Évidemment, cela a demandé un investissement important. En plus de la création du programme, il a fallu s'occuper du graphisme, du montage du site internet, de l'administratif... Mais, depuis le lancement et les premiers retours positifs, je n'ai jamais regretté d'avoir choisi d'être indépendante et, même si tout s'arrêtait aujourd'hui, je ne pourrais plus avoir un patron et des horaires fixes !

SONNY, MON COUTEAU SUISSE

J'ai connu Sonny il y a environ dix ans dans une école de danse. On a tout de suite sympathisé. Plus tard, il a aussi rencontré mon frère et ma sœur qui ont fréquenté la même école. On s'est croisés ensuite au magasin Printemps où il a travaillé quelque temps comme vendeur. On prenait toujours un moment pour bavarder et, sans être des amis proches, on a toujours eu un rapport très cool. Puis, chacun a vécu sa vie, entre le travail et les amours... On se voyait moins, mais on est toujours restés en contact.

Je l'ai revu il y a trois ans à l'anniversaire de ma sœur Ambre. Au moment du karaoké, il m'a entraînée au micro et je me suis retrouvée à chanter du Céline Dion à ses côtés devant tous les invités. Ça a été l'occasion de reprendre cette relation très naturelle que l'on avait avant. Et quand, au début de l'année 2022, j'ai cherché un assistant, j'ai aussitôt pensé à lui. Je trouvais plus facile d'employer quelqu'un que je connaissais déjà, mais je ne voulais pas non plus que ce soit un ami très proche ou un membre de ma famille, car cela aurait été difficile de maintenir une distance saine et nécessaire à une bonne relation professionnelle. Sonny a beaucoup de qualités. Il est vraiment multitâche et peut m'aider aussi bien à tourner des vidéos qu'à réceptionner les colis. Il comprend vite, est dynamique, a plein d'idées et m'apprend beaucoup de choses. C'est le partenaire idéal pour les photos et les vidéos. J'avoue que le fait qu'il soit gay me met aussi parfaitement à l'aise, puisque je peux poser devant lui en maillot de bain ou en lingerie sans être gênée.

Avant, je demandais à Stéphane mais il le faisait en râlant. Non seulement il n'a pas l'âme d'un photographe, mais en plus il avait d'autres choses à faire. Et quand je lui disais de recommencer parce que, par exemple, c'était mal cadré, ça menait parfois à des disputes. Depuis que Sonny travaille avec moi, tout est plus fluide !

LES *réseaux* : TOUT BEAU, TOUT ROSE ?

Même si ma vie est cool et que je n'ai pas de gros soucis, tout n'est pas toujours rose et il m'arrive parfois de me sentir seule. Passer à la télévision ou avoir du succès sur les réseaux oblige à faire un gros tri parmi ses relations. Aujourd'hui, j'ai un cercle d'amis réduit, je peux les compter sur les doigts des deux mains.

Les réseaux ne sont pas la réalité ! Je rencontre, bien sûr, moins de difficultés au quotidien que la plupart des gens, et j'ai un bon niveau de vie, mais je reste une personne normale qui a ses problèmes, ses peines et ses états d'âme… comme n'importe qui !

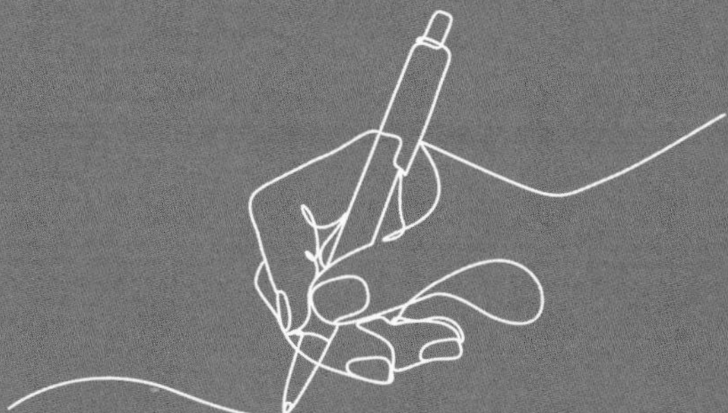

Épilogue...

L'avenir NOUS APPARTIENT

Le futur, je l'envisage d'abord en famille. Parfois, je m'imagine déjà grand-mère, entourée de mes petits-enfants. D'ici dix ou quinze ans, j'aimerais ralentir ou cesser mes activités professionnelles pour me consacrer entièrement à mes enfants, puis à leurs propres enfants. Je me vois déjà dans une grande maison, le sous-sol serait aménagé avec des canapés, un billard, un home-cinéma… dans lequel on passerait du temps et s'amuserait ensemble. Ce que je désire plus que tout, c'est rester proche de mes enfants. D'ailleurs, même s'ils sont encore très jeunes, il m'arrive déjà d'appréhender leur envol et le moment de leur départ. Tout passe si vite… En réalité, quand ils auront quitté le nid, je pense que cela me fera sans doute du bien de me retrouver seule de nouveau avec Stéphane, même si je suis déjà sûre qu'ils me manqueront.

Au-delà de la famille, j'aimerais aussi réduire mon temps de travail pour avoir une vie plus tranquille. Là, j'ai des journées de quarante-huit heures (!), je suis engagée à 100 % dans mes projets, de leur mise en œuvre à leur suivi ; et avec ma vie de famille, j'ai parfois l'impression de ne pas réussir à réaliser tout ce que je voudrais faire. Évidemment, je sais qu'il faut relativiser. Aujourd'hui, le rythme est intense parce que les enfants ne sont pas encore autonomes, mais je sais que lorsqu'ils iront au collège, puis au lycée, je ressentirai moins de pression.

Je ne sais pas ce que mes enfants feront plus tard, mais je vois déjà Louise entreprendre de grandes études : elle a déjà tellement soif d'apprendre ! J'essaie de la sensibiliser à cette idée, notamment quand elle me dit qu'elle aimerait être vétérinaire. Je commence déjà à lui expliquer que les études pour devenir vétérinaire sont longues et difficiles, aussi longues et difficiles que celles pour devenir médecin. Margot la rêveuse est encore très petite, donc elle envisage chaque jour quelque chose de différent, mais je remarque que ça reste toujours dans le domaine artistique.

Par exemple, après avoir vu un spectacle de cirque dans lequel il y avait un numéro de cerceaux, elle était émerveillée et, en rentrant à la maison, elle m'a avoué qu'elle voulait faire ça comme métier plus tard. Là aussi, je l'ai prévenue qu'il faudrait beaucoup d'entraînement et de pratique.

Quelle que soit la profession qu'ils choisiront, j'essaierai de leur faire comprendre que l'on n'obtient rien sans effort et qu'il faut beaucoup travailler pour réussir. Ce qui est certain c'est que je les laisserai cultiver leurs propres goûts et suivre leur propre itinéraire, et que je continuerai à leur apprendre à s'aimer, à se faire confiance et, surtout, à croire en eux.

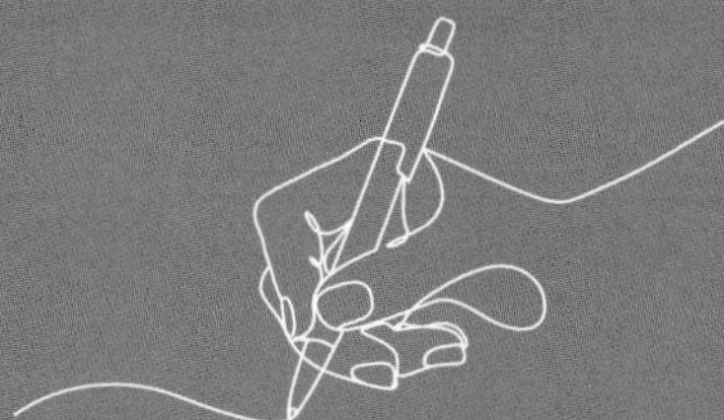

Merci

Je remercie très vivement toutes les personnes qui me suivent au quotidien sur les réseaux sociaux, ainsi que la maison d'édition Albin Michel, sans qui ce livre n'aurait pu voir le jour.

Et merci à V. pour son soutien sans faille.

TABLE DES MATIÈRES

PÉDAGOGIE, ÉDUCATION

Ça suffit, mon amour ! Que nous disent les enfants quand ils dépassent les limites ? Comment les aider à se construire ?,
Léa Didier, 2023.

Petites phrases à leur dire pour les aider à grandir. 0-8 ans,
Bernadette Lemoine et Diane de Bodman, 2018.

Trouver les mots qui font grandir pour les aider à s'épanouir. 8-13 ans,
Bernadette Lemoine et Diane de Bodman, 2019.

Élever son enfant sans élever la voix. Guide pratique de l'éducation bienveillante, Nathalie de Boisgrollier, 2014.

Corps, amour, sexualité : les 120 questions que vos enfants vont vous poser, Charline Vermont, 2022.

BIEN-ÊTRE, RELAXATION

Je fais le loir, le cobra et la rainette. 50 exercices de yoga pour les enfants, Jean-Pierre Clémenceau, 2015.

Comme le lion et le lionceau. 40 jeux pour plus de complicité parent-enfant, Jean-Marie Frécon, 2017.

LOISIRS CRÉATIFS

Le Grand Livre des activités ré-créatives, Héléna Zaïchik, 2021.

Les Mercredis sous la pluie. 52 activités pour créer et s'amuser toute l'année, Maéva Gruaz, 2022.

Les Mercredis sous la pluie au pays des contes, Maéva Gruaz, 2023.

En cuisine avec papa ! 50 recettes simples + des activités pédagogiques pour des moments de complicité. Dès 2 ans. Nicook et Samuel, 2020.

Ouvrage publié sous la direction d'Aurélie Starckmann

Responsable éditoriale : Véronique Galland

Assistante éditoriale : Alice Hurositsky

Relecture et corrections : Émeline Ferret, Magali Bertrand

Conception graphique et mise en pages : Damien Payet

Photographies : Astrid Di Crollalanza (pages 48, 49, 106, 118, 127, 129 et 138).

Fonds des pages 37 et 49 : ©Shutterstock ; page 103 : ©Freepik.

Page 40 : tous droits réservés.

Toutes les autres photos sont de la collection personnelle de l'autrice.

Illustrations : ©Shutterstock

Éditions Albin Michel
22, rue Huyghens, 75014 Paris
www.albin-michel.fr

ISBN : 978-2-226-47980-8

N° d'édition : 25244 /01

Dépôt légal : septembre 2023

Photogravure : IGS-CP, l'Isle d'Espagnac

Imprimé en septembre 2023 par Florjančič, Slovénie.